이 카피 누가 쓴 거예요?

이 카피
누가
쓴 거예요?

이태호
지음

쉽게 쓰고도 　 잘 팔리는 　 문장을 만드는 　 10가지 기술

RHK
알에이치코리아

추천의 글

여기, 좋은 카피를 쓰기 위한

10개의 무기가 있다.

하나같이 강력하고,

하나같이 유능하다.

정곡을 찌르는 무기부터,

상대의 배를 아프게 만드는 무기,

마음을 살살 달래는 무기,

피식 웃음을 끌어내는 무기까지-

유능한 카피라이터인 저자가

그 모든 무기를

당신을 위해 잘 준비해 놓았다.

이제 이 무기를 쥐고, 당신의 전투에 임하면 된다.

빈 화면 앞에서 덜 막막할 것이다.

회의 시간에 더 든든할 것이다.

좋은 카피가 당신에게서 태어날 것이다.

_김민철, 『내 일로 건너가는 법』 저자

소통이 일이라면, 이 책은 반칙 같은 힌트입니다.

말이 막힐 때마다 슬쩍 펼쳐보세요.

신기하게도, 어느새 말이 풀리기 시작하거든요.

누구나 글을 쓰지만, 누구나 마음을 움직이진 않습니다.

이 책은 전하고 싶은 메시지를 '의미 있는 말', '마음을 움직이는

말'로 바꾸는 방법을 쉽고 명확하게 알려줍니다.

카피라이터가 아니어도 괜찮아요.

리더든, 에디터든, 기획자든- 말로 사람을 설득하고,

이야기를 전해야 하는 모든 분들께 필요한 책입니다.

짧은 한 줄로도 마음을 멈춰세우는 문장을 만들고 싶다면

이 책이 그 시작이 되어줄 거예요.

지금, 한 장만 펼쳐보세요.

끄으으읏까지 파고들게 될 테니까요.

_나하나, 『일터의 설계자들』 저자

작가의 말

열심히 고민해서 제안한 카피에
이런 말이 돌아온 적 있었나요?

"이 카피 누가 쓴 거예요? :("

화끈거리는 얼굴을 뒤로 한 채
내가 쓴 게 아닌 척
애꿎은 회의실 안을 두리번거린 적 있었나요?
그러다가 다른 동료와 눈이 마주친 적도 있었다면,

이 책을 꼭 읽어 주세요.

지금은 카피 좀 아는 척하고 다닌다지만
저야말로 그런 말을 들을 때마다
쓰린 속을 부여잡고 의지를 불태웠던
하찮아도 패기롭던 주니어였으니까요.

카피라이터로 또 브랜드 마케터로

혼자서 또 동료들과 함께

성공도 또 실패도 하며 겨우 얻어낸

10가지 실전 팁을 여기서 나눠보려 합니다.

이 책 덕분에 이런 말을 듣게 되는 날,

올 수 있으리라 기대합니다.

"이 카피 누가 쓴 거예요? :)"

카피를
엉덩이로만 쓰지 마세요

당장 카피 쓸 일이 있는데 지푸라기라도 잡는 심정으로 이 책을 여신 분들, 반갑습니다. 시작하기에 앞서 지푸라기 같이 가벼운 테스트 하나만 해볼까요? 사람을 알려면 MBTI 테스트를 해야 하는 것처럼, 당신의 카피 성향을 파악하기 위해 딱 하나만 여쭤볼게요.

당신은 카피를 뭘로 쓰나요?

1. 손 〉 2. 발 〉 3. 엉덩이

1번을 고른 당신. 카피는 당연히 발도 엉덩이도 아닌 손으로 쓰는 거죠. 맞습니다. 연필을 쥐든 키보드를 두드리든 손으로 해야 된다고 믿는 현실적인 당신! 회의실에서 헛소리를 주절거리는 사람을 가차없는 보디가드처럼 제압하는 당신은, 회사에 꼭 필요한 존재가 맞습니다.

하지만 말입니다. '저런 헛소리는 왜 하지?'라는 고민도 한번쯤 해보면 어떨까요? 조금 더 들어가 보자면, 카피라는 게 정말 손으로 쓰는 게 맞는지 의심해 보는 거예요.

맨날 뻔한 카피만 쓰고 있지는 않은가요? 그래서 조금 새로운 카피를 쓰고 싶진 않으신가요. 발이나 엉덩이로 쓰면 색다른 카피가 나올 수도 있을까? 아니면 팔꿈치로 쓰면 어떻게 될까? 자꾸 의문을 던져보면 어떨까요.

지금까지 써 본 적 없는 카피를 뽑아내고 싶은 당신은, 이책을 읽으셔야 합니다.

2번을 픽한 당신, 저의 신입 시절이 생각납니다. 저도 지금은 카피 좀 치는 척하고 있지만 쪼렙 시절엔 선배들한테 발로 쓴 카피냐고 놀림받은 적도 있었거든요. 헤헤… 반갑습니다 동지여.

하지만 당신은 스스로의 카피력을 객관화할 줄 아는 능력을 갖고 있는 것 같네요. 또 셀프 디스를 통해 남들에게 웃음을 안기는 재능까지 있을지도 몰라요. 그런 당신인 만큼, 지금은 카피를 개'발'새'발' 쓰고 있더라도(?) 갱생의 여지가 분명 있습니다(!).

만약 이 책의 내용까지 잘 소화한다면 카피 성공 시대가 조금 더 빨리 열릴 것 같지만요.

3번, 엉덩이로 카피를 쓴다는 당신. 당신은 아마도 트월킹을 좋아하는 사람일 것 같습니다, 는 농담이고요. 어쩌면 카피 라이팅을 진득하게 하고 있는 사람일 것 같은데, 맞나요? 예전부터 이쪽 업계에서는 "일은 엉덩이로 하는 거다"라는 말이 전해지고 있거든요. 이 말은 반박불가긴 합니다. "교과서만 보고 수능 봤어요"처럼요. 손으로도 발로도 카피가 써지지 않을 때 엉덩이가 나서야 하긴 하거든요.

의자에 엉덩이를 딱 붙이고 계속 고민을 하다 보면 카피가 나오고 또 나올 수도 있습니다. 하지만 도대체 언제까지 의자에 앉아 하루 종일 트월킹을 해야… 아니 카피를 고민해야 하는 걸까? 꼬리뼈가 슬슬 아파오고 있는 당신에게 이 책을 권합니다.

자, 당신도 트월킹에서 카피킹이 될 수 있습니다!

여기까지 읽은 당신. '결국 몇 번을 골라도 이 책을 읽으라는 결론으로 떨어지다니. 이거 순 광고였구먼!' 뿔이 나셨을지도 모르겠습니다만. 잠시 해명할 기회를 주세요.

어떤 상품이든 서비스든 간에 그것에 관해 카피를 써야 하는 상황은 늘 막막하기 마련입니다. 어떻게 하지? 뭘 써야 하지? 회의실에선 분명 팀장님이 쉽게 쉽게 쓰자고 했는데 내 자리로 돌아와 '빈 문서' 앞에 앉으면 머릿속이 하얘집니다. 한마디도 못 쓰고 시간은 흘러만 가고. 내일이 카피 회의인데 문서에 써놓은 건 'ㅁ니아러 미나어리ㅏ23 asd@#k#!!!'밖에 없는 상황.

이때부터는 자신도 모르게 엉덩이로 카피를 쓰고 있는 거죠. 다들 겪어보지 않았을까요(그런 상황이 없다면 이 책을 지금 바로 덮으셔도 좋습니다. 그리고 제게 연락 주세요! 당신의 카피라이팅 비법을 듣고 싶습니다).

아까도 고백했습니다만 저도 한 엉덩이 했습니다. 신입 때는 카피 꿈나무였거든요. 의자에 '엉덩이'라는 이름의 뿌리를 내리고는 밤이든 새벽이든 카피 열매를 하나 수확해 보겠다고 끙끙거렸습니다.

그런데 정말 어느 순간부터일까 조금씩 바뀌더라고요. 업계에 몸담은 시간이 길어질수록, 카피 쓰는 데 걸리는 시간은 신기하게 줄어들었습니다. 제 선배들, 또 선배들의 선배들이 그랬던 것처럼 말이죠. 그러다 문득 궁금한 점이 생겼습니다.

카피를 많이 안 써 본 사람들과 오랜 시간 카피를 써 온 사람의 차이는 뭘까?

그건 머릿속에 '깃발'이 있냐 없냐의 차이라는 생각이 들었어요. 깃발이란 말이 업계에서 통용되는 건 아니고요. **써야 하는 카피의 목표 지점**을 제가 임의로 부르는 말인데요. 이 책에서는 여러분께 10가지 깃발을 말씀드리려고 해요.

'그런데 깃발이 뭐길래 생기면 좋다는 거지?' 아직은 감이 잘 안 오는 여러분께 질문을 하나 더 드립니다.

당신의 MBTI는 T인가요, F인가요?

이 책에서는 두 명의 주인공이 있습니다. 바로 T와 F인데요. 여러분이 예상하시는 대로 MBTI의 T$_{hinking}$와 F$_{eeling}$에서 따온 이름으로, 당연히 T는 T답고 F는 F답습니다(끄덕). 제각기 한쪽에만 치우쳐 있다 보니 좋은 카피를 쓰기 어려운 상황이 많이 찾아오는데요. T에게는 F 사고방식의 깃발을 장착시켜주고, F에게는 T 사고방식의 깃발을 건네주려 해요.

인생의 모든 진리를 T와 F만으로는 정리할 수 없을 테니 E, S, N, J 등 다양한 인물들이 등장해 T와 F에게 조언을 해주고 격려를 건네줄 겁니다. 마치 우리의 직장생활처럼요. J력 만렙인 선배에게 혼나기도 하고 극 E인 후배에게도 배우는 일이 생기는 건 당연하고, 카피와는 전혀 관련 없던 부서의 사람과 수다 중에 문득 힌트를 얻기도 하는 것처럼요.

그 덕분에 이 책이 끝날 때쯤 T도 F도 자신에게 부족한 점을 채우게 될 거고요, 여러분도 조금은 카피 쓰는 시간이 줄어들어 있으리라 장담해 봅니다.

시작하기에 앞서 마지막으로 이것만은 짚고 넘어가고 싶네요. 솔직히 카피라이팅은 좋든 싫든 엉덩이로 쓰긴 해야 합니다. 긴 시간을 고민한 사람을 짧게만 고민한 사람이 이기기 쉽지 않거든요.

하지만 '바쁘다 바빠' 현대 사회 속 직장인에게 길이길이 기억될 카피 한 줄 고민할 시간은 길게 주어지지 않죠. 짧은 시간 내 최대한의 효율을 뽑아내는 게 가장 중요하잖아요. 그러니 마음가짐만큼은 엉덩이로 쓰지 말자고 다짐합시다. 모니터만 바라본다고 문제가 해결되지는 않거든요.

이제 이 서문의 제목이 이해되실 겁니다. 우리 이제부터 엉덩이 대신 깃발을 흔들면서 카피를 쓰자고요. 그러면 여러분 자신도 모르는 사이에 카피라이터처럼 카피를 술술 쓰고 있는 당신을 만나게 될 테니까요.

그럼, 본격적으로 시작해 볼까요?

차례

Part T: T인 척 카피 쓰기

Part F: F인 척 카피 쓰기

0강.

what
to say와
how to say

편하게사자의 두 마케터를 소개합니다

판교의 신흥 강자, (가상의) 커머스 회사 **편하게사자**.

이름 그대로 소비자들이 편하게 상품을 구입할 수 있는 온라인 서비스로 각광받은 회사다. 기존의 큰 회사들을 제치고 업계에서 3등에 안착한 유망한 유니콘 기업.

이 기업의 강점은 그야말로 '사자'와도 같다. 각종 인프라에 대한 과감한 투자는 그야말로 야수의 심장 그 자체. 그런 기업이어서 그런지 광고 또한 사자 같이 용맹하게 전개하고 있다. 카피 한 줄 한 줄 나올 때마다 '편하게사자'답다는 이야기가 많이들 들리곤 하는데…

'편사'의 마케터 T는 오늘도 카피 회의의 지지부진함이 이해되지 않는다. 자기가 쓴 카피보다 정확한 카피란 없을 것 같은데 동료들에게 듣는 말이 늘 똑같으니까.

"맞는 말인데… 끄덕끄덕하게 되는데… 그렇긴 한데…."

50 Days 50% Sales
- T의 카피

좋다면서 왜 말끝을 흐리는 걸까. 뭔가 말하고 싶은데 차마 제대로 못 꺼내는 이 아련한 페이드아웃의 의미는 뭐지?

T는 자기의 카피를 돌아본다. 해야 되는 말을 분명히 다 했다. 할인율보다 중요한 게 뭐가 있겠는가? 그래서 할인율이 얼마인지도 큼지막하게 썼다. 거기다 이번 세일은 50일이나 진행된다니 50이라는 숫자를 두 번 써서 눈길을 두 배로 사로잡는 것 같다.

일단 고객이 보기만 한다면, 딱 0.5초라도 읽어주기만 한다면, 분명히 안 사고는 못 배길 텐데! 점심값 2만 원 시대에 반값 세일이라니, 내가 당장 오픈 런해서 사고 싶은데.

사람들이 맨날 미숙하다고 놀리는 문제의 T여서 그런가. 공감이 부족한 T는 카피를 쓸 수 없는 걸까. 그렇다면… 공감 능력을 키워볼까? T는 지푸라기라도 잡는 심정으로 서점에 가 각종 소설, 에세이를 들춰본다.

카피 회의가 얼마나 괴롭냐고 묻는다면 다른 **편사 마케터 F**야말로 세상에서 자기가 제일 힘들 거라고 말한다. 매번 알고리즘처럼 동료들은 정해진 답을 뱉으니까.

"감동적이긴 한데… 꼼꼼히 읽고 나면 무슨 말인지 알 것도 같은데…."

평범하다는 건 모험하지 않는다는 것 / 50% 세일
- F의 카피

F도 자기의 카피를 돌아본다. '내쓰내감(내가 쓰고 내가 감동)'이다. 마음 같아서는 교보문고 현판과도 한판 붙어볼 수 있을 것 같다. 세일 광고라고 할인율만 말하는 것은 너무 식상하지 않은가!

F는 마치 이솝 우화 속 한 토막처럼 얘기하고 싶었다. 사람의 겉옷을 벗기기 위해선 차가운 바람이 아니라 따사로운 햇볕이 필요했다는 이야기처럼.

F는 숫자가 바람처럼 차갑게 다가갈 때 문장은 햇살처럼 따뜻하게 다가간다고 믿는다. 50% 세일이어봤자 사고 싶은 게 없다면 무슨 의미일까? 평범한 구매를 하지 말고 이번 기회에 모험을 해보라는 말을 던진다면 50% 세일과 맞물리는 게 아닐까?

너무 F여서 그런가. 마케터가 아니라 콘텐츠 작가가 됐어야 했던 걸까. 오늘도 F는 의미 없는 줄 알면서도 잡코리아 구석구석을 뒤져본다.

클래스 0
강남 방언을 아시나요

요즘 '판교 방언'이라는 밈이 있다죠. 방금 본 가상의 기업 '편하게사자' 같이 스타트업, IT 회사가 많은 판교의 사무실에서만 특별히 많이들 쓰는 말을 일컫는 건데요. 예를 들어 이런 식입니다. "팔로우업해서 린하게 리드해 주시고요. 레슨런은 스크럼 때 셰어 부탁드릴게요. 미팅콜 주시고 미리 위키에 불렛 포인트 정리해서 노티해 주세요."(="추후 진행 상황을 점검하고 효과적으로 이끌어 주시고요. 배운 점과 깨달은 점은 협력 회의 때 공유 부탁드립니다. 회의 일정 잡아주시고 미리 사내 웹사이트에 핵심을 정리한 뒤 제게 알려 주세요.") 영어 사용자도 무슨 말인지 모를 것 같고 한국어 사용자라면 당연히 모를 정체불명의 말들.

생각해 보면 제가 몸담았던 광고 회사가 있던 가로수길에서 자주 쓰이던 방언들이 참 많았는데요. 그중에서 '왓투세이'와 '하우투세이'라는 사투리(?)에서 강의를 시작하면 좋을 것 같아요. 아까 판교 방언이 그렇듯 이 방언도 정체를 알고 나면 시시하실 거예요.

무엇을   어떻게
쓰지?   쓰지?

무엇을 쓰지? 카피의 피지컬, 왓투세이

왓투세이는 what to say, **'무엇'을 써야 할지** 그 소재에 관한 이야기입니다. 너무 당연한 얘기를 굳이 영어로 말하는 이 책을 덮으려 하기 전에 제게 딱 60초만 더 주세요. 카피를 써 보자고 할 때 생각보다 이 부분을 놓치는 경우가 많거든요. 위트 있게, 느낌 있게 써야 사람들이 알아주니 화법에 대한 고민을 더 많이 할 수밖에 없게 되는데요. 그러다 보면 앞에서 F가 쓴 카피처럼 돼요.

MBTI가 F라는 건 어찌 보면 멋들어진 카피를 쓸 자질을 갖췄다는 뜻 같기도 해요. 업계에 전설처럼 내려오는 카피들, "그녀의 가슴에 자전거가 들어왔다, 빈폴" 같은 카피는 언뜻 보기에는 도저히 T가 쓸 수 없는 카피 같잖아요?

하지만 카피의 목적은 결국 사람들의 마음을 움직이고 지갑을 움직여야 하는 것. 멋진 말로 사람을 홀리는 것도 중요하지만 그래서 카피를 읽은 사람에게 '이 광고가 내게 하고 싶은 말은 이거구나!' 깨닫게 하는 것이 바로 왓투세이입니다. 앞선 에피소드에서는 50% 세일이라는 팩트가 고객이 카피를 읽고 나서 인지해야 할 궁극적인 목표인 거죠. 사람으로 비유하자면 왓투세이는 피지컬이라고 할 수 있겠어요.

바야흐로 도파민의 시대이고 다양한 짤과 밈이 넘쳐나는 시대에 왓투세이는 재미없게 느껴지기도 합니다. 하지만 다시 아까의 비유를 써먹어 보자면, 옷이 아무리 예쁘다 한들 '패완몸'이라는 거 다들 잘 아시잖아요. 옷 때문에 만나봤지만 얼굴과 몸이 영 꽝이면 바로 헤어지겠죠.

이 책에서는 다섯 가지 왓투세이를 배울 거예요. **팩트, 선 긋기, 선도성, 대세감, 위협소구** 이렇게 다섯 개인데요. 각각의 왓투세이를 잘 반영한 카피들을 예시로 먼저 보여드려 봅니다. 지금은 '이 카피가 그렇게 좋은가?' 또는 '이런 카피를 내가 쓸 수 있을까?' 알쏭달쏭하겠지만 나중에는 "제 카피는 대세감을 강조하고 있습니다", "방금 말씀 주신 카피에 선도성을 강화해 보면 좋을 것 같아요"라는 말을 술술 하는 자신을 발견하실지도 몰라요.

1분에 1대씩 팔리는 스마트 모니터

- 삼성(팩트)

별도 콩도 질렸다면

- 맥카페(선 긋기)

우리의 자부심이 한 층 더 높아집니다

- 롯데타워(선도성)

요즘 음악 만져봤어?

- 현대카드 뮤직라이브러리(대세감)

입맛이 없는 게 아니라 피로한 거예요

- 아로나민골드(위협소구)

    문장에서 빛을 발하는 게 하우투세이라면, 왓투세이는 특히 회의실에서 더 빛을 발합니다. 마음을 훔치는 수많은 문장들 사이로, '우리가 이 카피로 무슨 얘기를 하려고 했지? 지금 이 말을 해야 되는 이유는 뭐지?' 길을 잃을 때 what to say는 원점으로 돌아가는 마법의 힘입니다. 예쁜 말도 중요하지만 F가 지금 처한 상황처럼, 우선 50% 세일을 알려야 할 때니까요.

어떻게 쓰지? 카피의 옷, 하우투세이

하우투세이는 how to say, **'어떻게' 쓸지 화법**에 대한 고민입니다. 50% 세일은 분명 강력한 팩트인 게 맞습니다. T의 판단은 나름 정확했어요. 하지만 안타깝게도 세상엔 수많은 쇼핑몰부터 길거리의 작은 마트까지 50% 세일이라는 카피가 너무 많이 붙어 있다는 걸 여러분은 잘 알고 계십니다. 그러니까 남들과 다른 모습을 보여줘야만 해요. 같은 50% 세일이라도 우리 브랜드로 오게 만들 수 있는 힘이 필요한 거죠.

그런 점에서 하우투세이는 '옷'으로 비유됩니다. 왓투세이라는 멋진 피지컬에 어울릴 만한 적절한 옷을 잘 골라야 합니다. 모든 사람에게 잘 맞는 옷이라는 건 없죠. 퍼스널 컬러라는 말처럼 브랜드에도 자기에게 맞는 화법이 있습니다. 옷이 날개라는 말처럼 카피를 사람들의 입소문을 통해 훨훨 날게 해주는 건 결국 상황에 딱 들어맞는 하우투세이입니다.

다음의 예시들이 우리가 책에서 만나게 될 하우투세이의 5가지 기술들이에요. **반복, 말장난, 격차, 반전, 베네핏.** 아직은 크게 안 와닿으실 수도 있겠지만 이 책을 다 읽고 다시 돌아와 보세요. 어떤 말을 건네고 싶은 건지 한눈에 파악하는 당신을 만날 수 있을 거예요.

쏘리 질러 포리 질러(30~40% 세일)

- 피자헛(반복)

VOGO쉽다

- VOGO(말장난)

안에서 밖을 만듭니다

- SK하이닉스(격차)

최정상 직장

- 산악대피소(반전)

돈 보낼 일은 늘 톡에서 시작되니까

- 카카오페이(베네핏)

10가지 깃발로 카피를 공략하자

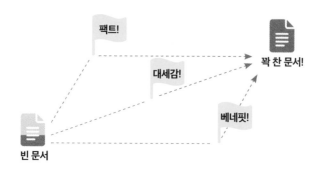

엄밀한 의미에서 왓투세이와 하우투세이는 이렇게 무 자르듯 나눌 수 있는 건 아닙니다. 하나의 카피가 있다면 그 안에는 '무엇'과 '어떻게'가 모두 들어가 있을 테니까요. 하지만 일단 지금은 어려운 얘기나 엄밀한 사전적 정의 같은 건 잊읍시다. 아무튼 전보다 좋은 카피를 쓰는 게 중요할 뿐이니까요.

그래서 이 책에서는 5가지 왓투세이와 5가지 하우투세이를 배울 겁니다. 완전히 T로 빙의해서 카피를 쓰는 방법, 또 완전히 F로 빙의해서 카피를 쓰는 법을 익혀보는 거예요. 그것들이 일종의 '깃발'이 되어줄 거예요.

깃발은 여러분이 카피를 쓸 때 하는 고민의 많은 부분을 덜어줄 거예요. 카피를 쓰기 전 맨 위에 **어디를 향해 가야 하는지**

목적지를 적어두면 그래서 참 편합니다. 방향에 따라 적절한 수단만 고르면 되거든요. 우리가 성수동에 있는데 서울시청으로 가야 한다!고 해보죠. 다양한 방법이 있겠죠? 택시 타기, 버스 타기, 지하철 타기, 버스와 지하철 섞어서 타기, 자전거 타기, 히치하이킹하기(?), 걸어가기(?) 등등. 각각의 방법들이 카피라이팅이라고 보면 될 것 같아요.

"당연히 택시를 타야 하지 않겠습니까!"라고 말하실 수 있지만 그건 각 브랜드가 처해 있는 조건에 따라 다를 것 같아요. 홍보 예산이 많은 브랜드라면 택시가 맞겠죠. 하지만 그렇지 않다면 버스가 맞겠고요. 또 지금 우리에게 처한 상황에 따라 다르겠죠. 출퇴근 시간이라면 억지로 택시를 타봤자 오히려 대중교통보다 더 늦게 도착할 수도 있잖아요. 그러니 다양한 깃발을 꽂아두고 그 깃발을 향해 카피를 쓰되 마지막 단계에서 가장 최적의 문장을 고르는 작업이 필요합니다.

알바몬으로 알박아
what - 소비자 베네핏/선도성
how - 반복/말장난

위의 카피, 혹시 들어보셨나요? 이 카피는 2023년 광고 대

상에서 상을 받았던 카피인데요. 알바몬으로 알을 박으라는 말
이 재밌는 동시에 알박아 → 알바 가, 알바몬으로 알바를 가라
는 말로도 읽히네요. 그냥 재밌다~ 라고 넘어갈 수도 있겠지만
제 눈에는 그렇게 보이지 않습니다.

베네핏과 선도성의 관점에서 소재를 잡았고, 반복과 말장
난이라는 화법을 선택해 만들어진 카피라고 볼 수 있겠는데요.
지금은 이런 what과 how의 분석이 눈에 안 들어오시겠지만,
강의 끝나고 다시 이 카피를 들여다봐 주세요. 그때쯤 되면 복
잡해 보였던 카피의 본질이 보이는 경험, 일종의 인수분해가
시작될 겁니다.

왓투세이에 관한 깃발 5개, 하우투세이에 관한 깃발 5개를
배우면 여러분은 하나의 과제가 있을 때 적어도 10가지의 방
법으로 카피를 쓸 수 있는 사람이 될 거예요. 회의실에서 그냥
카피를 내밀고 "이 카피 느낌 좋지 않아요?" 하는 사람이 되지
는 않을 겁니다. 동료들이 고개를 끄덕이며 "정말 모든 방향을
다 훑어본 것 같아요"라고 말해주리라 확신해요.

이 과정들을 조금 더 실감 나게 느낄 수 있도록 앞서 말씀
드렸듯 T와 F가 등장할 건데요. 여러분이 이들에게 보다 몰입
할 수 있게 다니는 회사의 이름도 지어뒀습니다. 업계 3위 기

업으로 설정한 스타트업 '편하게사자'입니다.

햇반이나 라면, 생수 같은 걸 편하게 살 수 있다는 컨셉의 이름으로 새롭게 등장한 커머스 기업이죠. 이름에서 알 수 있듯 배송을 정말 편하게 해주는 이 기업을 고객들은 '편사'라고 부르며 편애하고 있어요. 편사의 캐릭터는 당연히 '사자'이고 배송 오토바이나 트럭에 사자 캐릭터가 붙어 있어 기업 규모에 비해선 인지도가 꽤 높아진 상태예요. 3등에서 이제 2등을 넘어 1등이 되고 싶어 오늘도 사납게 노력하는 이 편하게사자 마케터들과 카피 고민을 함께 나눠봐요.

그럼, 먼저 카피에서 피지컬을 담당하는 왓투세이로 시작해 보겠습니다. 모두 함께 T로 빙의할 시간입니다.

Part T:

T인 척

카피 쓰기

1강.

숫자는
힘이 세다
[팩트]

1+1을 이기는 카피를 고민해야 합니다

"자, 이번 과제는 배송비 0원입니다. 어렵게 생각하지 말자고. 쉽게 쉽게, 알지?"

F는 오늘따라 리더의 말 한마디 한마디가 모두 싫다.

먼저 어렵게 생각하지 말라는 말이 싫다. 카피를 쉽게 쓸 수 있으면 쉽게 썼지! 어렵게 고민해야 좋은 카피가 나온다는 걸 모르나 싶다.

그런데 그 얘기보다 싫은 건, 바로 숫자인 0원. F는 숫자가 너무 싫다. 당연하다. 문과니까. 숫자를 좋아하면 이과를 갔겠지. 그리고 아무거나 막 해야 하는 마케터가 아니라 개발자가 됐겠지!

F가 숫자를 싫어하는 건, 텍스트에 숫자가 들어오는 순간 글이 글답지 않다는 생각이 들기 때문이다. 카피라이팅에 숫자를 쓸 거면 넘버라이팅, 그니까 회계사가 됐겠지!

편하게사자도 오랜 고민 끝에 업계 1위를 따라 무료 배송을 전면적으로 시행하기로 했다. 무료는 반갑지만 재미가 없다. 세상에는 너무 많은 무료에 대한 광고가 있으니까. 이 무료하기 짝이 없는 무료를 어떻게 말하지? 남들은 하나둘 퇴근하는데 모니터를 끄지 못하고 있는 F에게, 사업팀 J로부터 사내 메신저인 슬랙slack으로 메시지가 왔다.

J　똑똑. 언제 퇴근하십니꽈아아.

　　벌써 7시인데 왜 아직도 슬랙 on이에요?

F　그러는 J님이야말로 거울에게 말 거는 중? :)

　　저야 뭐, 늘 그랬듯 카피가 고민이에요… 0원 때문에.

J　아, F님도 이번에 배송비 0원 프로젝트 TF에 들어가셨지.

　　근데 다른 카피가 어떻게 0을 이길 수 있겠어요….

　　0 크게 박자고 해요. 얼른 퇴근하고 현생을 삽시다.

F　알면서 왜 그래요. 카피에 숫자가 들어가면

　　솔직히 좀 예쁘지 않잖아요… 《어린왕자》에 나오는

　　회계사 같이 말을 건네면 사람들이 반응하겠어요?

J　무슨 말을 하는지 알겠는데… 어쩌면 그 생각도 회계사 같은

　　거 아닐까요? 세상엔 알고 보면 예쁜 숫자가 얼마나 많은데요.

F　🫠　제 팀장님이신 줄…!

J　0원이랑 상관 있는 건 아니지만…

　　이것도 숫자냐고 하면 또 애매하지만… 1+1은 어때요?

F　🙂　조금만 더 얘기해 주세요.

J　전 야근하다가 빡치면 무조건 편의점에 가요. 가면 기분이 이상하게

좋아지는데요. 특히 매대에 걸린 수많은 1+1을 보면 그래요. 하나를 샀는데 하나를 더 준다니 그보다 아름다운 숫자가 있을까요?

곰곰이 생각해 보니 그랬다. F는 편의점 음료 중에 '따옴'이라는 주스를 참 좋아했다. 이름이 예뻐서였다. 태그라인이 '자연에서 갓 따옴'이었다. 로고에 [따'옴]이라고 해서 문장부호 따옴표가 들어간 것도 악착같아 보여 좋았다. 이름과 컨셉처럼 과일 함량이 높기까지 했다. 포장지부터 내용물까지 완벽한, 그 따옴을 마시러 편의점에 갔던 날이 있었다. 하지만 결국 F는 따옴을 마시지 못했다. 따옴 바로 옆 듣보잡 브랜드 주스에 붙은 '1+1 행사 중'이라는 스티커에 자기도 모르게 손을 뻗었기 때문이었다.

클래스 1
숫자보다 강한 글은 많지 않다

누구보다 좋은 카피를 써 보겠다고 찾아오신 여러분께 질문 하나 하겠습니다. 사람들이 '좋은 광고다', '좋은 카피다' 말하는 콘텐츠 중에 숫자가 들어간 케이스, 떠오르세요? 그건 우리가 F처럼 재밌거나 감성적이어야 잘 쓴 카피라고 생각하는 경향이 있어서일까요. 곰곰이 생각해봐도 사람들 입에 오르내리는 전설의 카피 중 숫자가 들어가 있던 사례는 잘 떠오르지 않습니다.

하지만 우리가 클릭하거나 인상 깊게 받아들인, 현실 세계 속에서 먹히는 광고들을 돌이켜 볼까요. 50% 할인, 배송비 0원 같은 글자가 보인다면(그마저도 너무 홍수처럼 쏟아지니 거르고 거르다가 어느 날엔가는 속는셈 치고) 일단 한번 눌러보는 일이 있지 않았나요?

숫자는 참 특이합니다. 데이터의 체계에서 숫자는 텍스트로 분류되겠지만, 사실 본질적으로는 **이미지**에 가깝거든요.

조금 더 이야기를 진전시켜 보기 위해, 여러분이 초등학교 선생님이 되었다고 쳐봅시다. 교사로서의 첫날, 어떤 마음가짐으로 일해야 할지 고민될 때 교장 선생님이 이렇게 말했다고 생각해 봅시다. "아이들에게 칭찬을 많이 해주세요." 고개를 끄덕이면서 그 정도는 나도 알고 있어, 하고 넘기진 않을까요(신입 주제에 너무 시니컬한 교사인가요? 하지만 우리는 모두 꼰대 포비아니까). 그런데 교장 선생님이 이렇게 말하신다면 어떨까요?

수업 1시간 동안 칭찬을 80번 해주세요(찡긋)

저라면 정신이 확 들 것만 같아요. '80번이라는 숫자, 저거 농담이겠지? 웃기는 양반이 이 학교 교장이네 피곤해. (교실로 들어가기 위해 계단을 올라가다가) 근데 좋은 선생님이라면… 정말 칭찬을 80번은 해야 할지도… 그러려면 아이들에게 칭찬을 어떻게 해야 가식 같이 안 보일까? 한 명에게 몇 번의 칭찬을 해야 할까? 좋은 칭찬이란 뭐지?'

초보 선생님의 미션에서 조금 공감되는 바가 있으셨다면, 좋습니다. 이제 본격적으로 저와 함께 '숫자' 속으로 들어가 봅시다.

추상적인 것보단 구체적인 게 좋으니까, 임의의 한 서비스를 정해두고 같이 생각해봐요. 세상에는 수수료를 받는 많은 서비스가 있죠? 바로 떠오르는 걸로는 송금 앱도 있을 테고, 주식 거래나 환전, 배달, 택배 서비스에서 발생하는 비용들도 모두 일종의 수수료라고 볼 수도 있겠죠. 이번 챕터에서는 음식 배달비가 0원이라고 해봅시다. 이 좋은 팩트를 어떻게 알리면 좋을까요?

123455789번 시켜도
배달비 0원

그냥 배달비 0원이라고 하면 이미 시장에 많이 있는 배달비 0원 업체들과 견주었을 때 매력이 약할 거예요. 그럴 때는 이렇게 모든 숫자를 다 써서 보여주는 것도 생각해 볼 만하겠어요. 1부터 9까지 모든 숫자를 싹 넣으면 사람들은 자기도 모르게 "일이삼사오육칠팔구…(소리 내어 읽진 않더라도 중얼중얼거리면서)" 읽게 되거든요.

하지만 이 카피는 접근 방식은 그럴싸해도 리얼리티가 부족한 것 같아요. 왜 그럴까요? 아마도 123456789번이나 시키는 사람은 없다는 게 문제일 거예요. 이 카피를 보게 될 사람의 상황을 고려하지 않은, 너무 머리로 만든 카피 같은 느낌이 있죠. 많이 시켜 먹는다는 느낌을 주려다 무리수로 갈 수도 있는 거죠. 배달을 많이 시켜 먹는다는 건 어딘가 길티guilty한 감정도 이끌어내니까요.

3시 3끼 다 시켜도
배달비 0원

그런 점에선 삼시 세끼 같이 **있는 말을 가져다가 숫자로** 살짝 돌려 놓아보는 것도 방법일 것 같아요. 뻔한 말이지만 숫자로 쓰니까 조금 달라 보이고, 아침 점심 저녁을 다 배달시켜 먹는 사람들도 분명히 있으니까요. 실제로 그런 사람이 있냐 없냐, 를 떠나서 그만큼 많이 시킨다는 표현의 현실적인 버전이기도 하고요. TV 프로그램 이름과도 비슷하니 스리슬쩍 패러디하는 맛도 있어 좋겠네요.

문득 이 카피를 담은 배너라면 오후 3시에 집행되어도 좋겠다고 생각한, 노출 환경까지 고려하는 당신은 이제 어느덧 숫자왕.

여기까지 잘 따라오셨다면, 이제 한 단계 더 숫자 놀이를 업그레이드해 볼 시간입니다.

보다 와닿는 숫자로 번역하기

치킨 1마리만 시켜도

김밥 2줄만 시켜도

반찬 3팩만 시켜도

배달비 0원

이번엔 어떠세요? 숫자를 또 한 번 연속적으로 써봤습니다. 그런데 앞서 봤던, 1에서 9까지 늘어놓았던 카피와 같으면서도 다릅니다. 좀 더 살아 있는 나열이죠. 치킨은 최소 1마리는 시켜야 하고 김밥은 2줄은 먹어야 배가 차고 반찬은 3팩에 1만 원이 국룰이죠?

이렇게 1→2→3으로 이어지는 맛은 유지하면서 소재는 아주 구체적으로 써봤어요. 1→2→3으로 점점 상승하다가 0으로 뚝 하강할 때, 이런 걸 읽는 사람은 묘한 쾌감을 얻게 됩니다.

'재미있다'는 게 꼭 몸개그를 하거나 강렬한 춤을 출 때만 나오는 감상은 아니죠. 인간은 숫자에 생각보다 더 크게 반응합니다. 자동차 번호판에서 특이한 숫자를 보면 나도 모르게 눈길이 가고 핸드폰을 들고 찍어보지 않으시나요. 괜히 이사업체가 2424라는 번호를 쓰는 게 아니니까요. 그런 인간의 마음을 카피라이팅할 때 모른 척할 필요는 없겠죠. 적극적으로 써먹어야죠. 그게 인간이니까.

"숫자는 숫자에 불과하다"고 말하는 사람들에게, 저는 늘, 그건 당신이 **숫자를 제대로 번역하지 않았기 때문**이라고 말하고 싶습니다. 영어로 써진 아주 멋진 문장이 있다고 쳐봅시다. 그런데 영어를 알지 못하면 그게 무슨 의미가 있겠어요? 숫자도 마찬가지예요. 만약에,

롯데월드타워는 555m입니다.

라고만 말한다면 그게 어느 정도 높이인지 감이 오시나요?

롯데월드타워는 63빌딩을 2개 쌓은 정도의 높이입니다.

어떠세요. 올림픽대로를 지나다닐 때마다 본 그 높디높은 타워가 갑자기 63빌딩 두 개가 세로로 쌓여져 있는 걸로 보이지 않나요?

숫자만큼이나 중요한 게 있어서 설명드리고 싶어요. 바로 **'보는 사람이 어떤 상황인가?'**일 겁니다. 이른바 TPO_{Time/Place/Occasion}를 고려한 카피죠. 보는 사람이 집중해서 보고 있을 확률이 높은 극장 광고인지, 대충 스킵할 준비만 하면서 보는 유튜브 광고인지, 바쁘게 오고 가느라 정신없는 출퇴근길 지하철 광고인지에 따라, 카피라이팅의 결은 달라져야겠죠.

눈치채셨겠지만 배달비 0원 이야기는 제 담당 프로젝트였는데요. 고민 끝에 저와 동료들이 찾은 키워드는 의외로 단순했습니다. 바로 '배달비 빵 원'이었죠.

다른 브랜드에서라면 0원 배달, 무료 배달 같은 키워드로 얘기하겠지만 제가 몸담고 있는 회사라면 조금 더 키치하게 빵 원이라고 말해야 할 것 같았거든요. 업계 1위가 빵 원이라고 말하는 아이러니함, 그건 저희 브랜드만 할 수 있는 카피였죠.

근데 말입니다. '빵 원'이라는 메시지는 생각보다 세상에 너무 많고 많아요. 휴대폰 개통비 빵 원, 상담비 빵 원, 첫 PT 빵 원… 길거리에 가득한 빵 원 찌라시 속에서 우리 딴에는 먹힐 것 같던 메시지 '빵 원'도 밖에 나가면 그냥 그렇고 그런 친구가 되어버릴 수 있으니까. 임팩트가 빵이 될 테니까…. 뭔가 작업이 필요했습니다.

배달비가 0원이라는 걸 버스 광고판에 붙여야 하는 상황을 생각해볼까요? 그냥 '배달비 0원'이라고만 말해줘도 임팩트가 있을 거라 믿는 분은 이제 아마 없을 겁니다. 그렇다면 무엇이 필요할까요.

이번에 내실 배달비는 **빠**0원입니다

저희 팀원분은 버스를 타고 다니는 사람들이 제일 많이 듣는 말이 뭔지 고민했어요. 그리고 "이번에 내리실 곳은 ○○○입니다"가 떠올라 살짝 비틀어서 위의 카피를 써주셨죠.

저는 보자마자 무릎을 탁 아니 빵! 쳤습니다. 이것보다 배달비 0원을 버스 광고로 잘 푼 카피가 있을 수 있을까? 지금의 저는 없으리라 확신합니다. 제가 썼던 카피들은 모두 마치 없었던 것처럼 던져버리고, 저 카피로 가자고 주장했었죠.

숫자를 그냥 툭, 0이라고 던지려고 하지 마세요. 0원이 고객에게 **어떤 의미인지** 그 사람이 해당 카피를 볼 때 처해 있을 **상황을 고려**해 번역해서 보여주세요. 그러면 가장 완벽한 카피가 만들어질 겁니다.

세상에 나쁜 숫자는 없다 - 나쁜 해석이 있을 뿐

지금까지의 사례들을 끄덕끄덕하면서 보다가 문득 이런 생각이 든 분이 계시지 않을까 싶어요.

'아니, 배달비가 0원인 건 솔직히 USP(Unique Selling Proposition, 소구점)가 너무 좋은 것 아닌가요. 딱히 자랑할 게 없는 우리 브랜드는 어쩌라고요! 기죽어욧!'

그럴 때마다 제가 예시로 드는 카피라이팅이 있어요. 한 아파트에 대한 전설적인 광고인데요, 수많은 자랑거리들 중에서 얼마나 할 말이 없었으면 아파트 주차장이 다른 곳보다 고작 10cm 넓은 걸 자랑한 광고예요. 근데 말이죠, 이 카피 좀 한번 보세요.

10cm

고작 손가락
두 개 사이의 거리

하지만 좁은 곳에
주차해 봤다면
매우 넓게 느껴질 거리
10cm

글에는 참 큰 힘이 있는 것 같습니다. 그냥 10cm를 생각해 보면 진짜 손 한 뼘도 안 되는 하찮은 팩트 같은데요, 숫자의 의미를 조근조근 말해주면 그 힘이 증폭되잖아요.

하지만 또 이런 질문을 던지실 분이 계시겠죠. "10cm 같이 매력적인 숫자를 아무리 찾아도 보이지 않으면 못 써먹는 기술 아닌가요!"

문득 제가 며칠 전에 받은 광고 문자가 생각나서 소개해보고 싶네요. 혹시 '맹그로브'라는 워케이션 공간을 아시나요? 여러 지점들이 있지만 그중에서도 강원도 고성에 있는 공간이 참 매력적인 곳인데요. 바다를 바라보며 일을 하고 쉬어도 가는 컨셉의 장소죠. 어느 날인가 50% 할인 쿠폰 문자가 와서 저도 모르게 눌러봤는데요. 숫자 3개에 가슴이 설레면서 당장 고성에 가보고 싶다는 생각이 들더라고요.

1월 고성의 해는 아침 7시 42분에 뜹니다.
비교적 늦은 아침에 일출을 맞이할 수 있죠.

≫지금 50% 할인 가격으로 예약하기≪

50% 쿠폰은 힘이 세지만, 그것만으로는 부족한 서비스들이 있습니다. 50% 할인받으려고 저 멀리 고성까지 가는 건 솔직히 너무 힘들잖아요. 그런데 '새해맞이 일출을 보러 고성에 가자'며 명분을 부여해주면 더 갈 만하죠. 그 명분을 정확한 일출 시각을 써서 설득시켰습니다. '저 곳에 가고 싶다'는 사람의 마음을 자극하는 거죠.

카피를 쓸 때마다 저는 늘 되뇌입니다. **숫자보다 강한 글은 그리 많지 않다**고요. 애매하게 웃긴 표현, 애매하게 감성적인 비유를 하느니 정확하고 확실한 숫자가 보는 이로 하여금 행동하게 만듭니다. 그때의 숫자는 배달비 0원의 사례처럼 우리 서비스의 핵심 팩트일 필요는 없어요. 사람들을 움직일 수 있다면 작은 팩트여도 좋고 때로는 상품과 아무 상관없지만 묘하게 연결되는 팩트여도 좋아요. 주차장 10cm나 아침 7시 42분 같이 말이죠.

제가 한번은 식당을 열심히 운영하시는 사장님들을 대상으로 카피라이팅 강의를 한 적이 있었는데요. 강의에 참여하시는 분들이 실제 업장에서 쓰는 카피들을 미리 공유해 주셔서 아무 생각 없이 쓱쓱 보다가, 백소정 동국대점 사장님이 써주신 다음 판촉물을 보고는 깜짝 놀랐어요.

"사장님, 이게 무슨 물인가요?"

**손님들이 가장 많이 묻는 질문 중 하나입니다.
'물 맛집'으로 명성이 자자한 백소정은
특제 보리차를 손님들께 제공해드리고 있습니다.**

왜 그런 말 있잖아요. '진짜 맛집은 물도 맛있다.' 물이 식당을 선택하는 절대적인 이유가 되진 않겠지만, 맛집으로 기억되는 퍼즐 중에 하나인 것은 분명하다고 생각해요. 그런 점에서 식당에 저런 내용의 포스터가 붙어 있다면 어떤 기분이 들까요? '자랑할 게 없어서 물을 자랑하네'라고 생각하는 사람도 백명에 한 명쯤은 있을 수도 있겠지만, '물도 꼼꼼히 관리하는 집이라면 음식 자체도 제대로 관리하겠네' 이런 생각을 하는 분이 더 많지 않을까요.

이쯤 되면 제가 이 장에서 말하고 싶었던 건 숫자의 힘이긴 하지만, 또 한편으론 꼭 숫자에 연연해할 필요는 없다는 걸 눈치채셨을 것 같아요. 숫자가 있어도 좋겠지만, 없다고 좌절할 필요는 없다는 거죠. 그다음으로 명확한 것들을 카피의 소재로 쓰면 그만이니까요. **숫자는 아니지만 숫자처럼 확실한 것**, 그걸 우리는 **팩트**라고 부르죠. 이 장의 핵심 키워드가 '넘버'가 아닌 '팩트'인 건 그 때문입니다.

일단 여러분이 카피를 써야 하는 상황이라면. 그 브랜드/상품/서비스의 팩트들을 메모장에 줄줄이 나열해 보세요. 이걸 업계에서는 팩트 북fact book이라고 부르는데요. 발상을 하기 전에 팩트 북을 몇 번은 읽어본 다음 그 팩트에 힘을 불어넣는 카피를 고민해 보세요.

그때 마주하게 된 팩트는 그냥 **팩트가 아니라 임팩트**를 갖게 될 거예요.

실전에서 실천하기

1. 숫자는 마치 이미지처럼 구체적이어서, 보는 사람으로 하여금 머릿속에 강한 실체를 그리게 합니다.

2. 일단 내가 써야 하는 대상에 관련된 모든 숫자들을 메모장에 적어보세요. 아주 하찮은 숫자여도 좋습니다. 본문에서 봤던 10cm처럼 말이죠.

3. 이제 그 숫자를 보다 와닿게 번역할 수 있는 방법을 고민하세요. 재미있게 쓰는 것도 좋고, 고객이 카피를 보고 있는 환경을 고려해서 쓰는 것도 좋습니다.

카피라이터가 가장 싫어하는 말 1

카피 하나
써주셔야 하는데…
진짜 진짜 죄송한데
내일까지 될까요?

카피라이터가 가장 싫어하는 말 2

아 바쁘시구나…
그럼 시간 진짜 진짜
충분히 드릴게요.
진짜 진짜 좋은 카피
기다릴게요 :)

2강.

2등은
2등답게
[선 긋기]

친환경 가구를 광고해야 합니다

F의 깊은 고민 덕분에 편하게사자의 배송비 0원 광고가 성공적으로 끝났다. 하지만 끝은 시작의 다른 이름이라고 누가 말했나. 시장에 큰 화두를 던졌으니 이제 소비자들이 실제 지갑을 열 만한 킬러 상품의 홍보 전략이 필요했다. 대표인 라이언은 타운홀* 을 통해 편사의 이번 분기 타겟 상품은 '가구'라고 발표했다.

왜 가구인지 직원들은 이해가 안 갔지만, 업계에서 가장 큰 가구 기업과 손을 잡은 만큼 라이언은 이 프로젝트가 반드시 성공해야 한다고 말했다. 그리고 이 두 기업의 만남을 표현할 카피를 고민해야 하는 건… 역시 F와 T여야 했다.

코웍co-work 공간에서 홀로 하늘을 보고 중얼거리는 F 옆에 T가 앉

회사 전체 직원들이 모여, 중요한 소식이나 방향성을 공유하는 자리. 구성원 모두가 함께 경영진과 직접 소통하고 질문할 수 있는 열린 회의로 스타트업에서 많이 열리는 방식이다.

았다. F가 뭐라 말하는지는 모르겠지만 시옷과 비읍을 말할 때 사용하는 입 근육이 주로 움직이는 것 같았기에 T는 F를 얼른 자제시켜야 했다….

T F님 잠깐 스탑. 누가 보겠어요. 선생님 지금 약간 무당 같아요.
근데 라이언을 저주하는 무당 같은 느낌쓰.

F 그 가구 프로젝트 카피 때문에 그래요. 그런데 생각할수록 빡쳐요.
스카 는 이게 소비자들에게 먹힌다고 생각하나.
우리 편사랑 가구는 좀 안 어울리지 않나? 사람들이 그냥 라면이나
햇반 좀 편하게 사자고 들어오는 곳인데 갑자기 웬 가구야,
아주 이해가 안 가고요.

T 저도 스카 삼촌이 왜 그러나 싶으면서도…
또 왜인지 알 것 같기도 하고요.

F 뭔데요? 나도 좀 알려줘 봐요.

T 가구도 팔 만큼 큰 기업이라는 걸 보여주고 싶은 거 아닐까요?
라면이랑 햇반만 온라인으로 사는 줄 알았는데 가구도 온라인으로
팔 만큼. 가구가 배송비 0원이라는 건 좀 충격적이기도 하잖아요?

F ∴ 업계 1등도 가구를 0원에 보내주진 않을 텐데.
3등이 그렇게 팔면 좀 새로워 보이긴 하겠네요.

---

* 애니메이션 〈라이온 킹〉속 빌런의 이름. 편하게사자 멤버들은 대표를 평상시엔 닉네임인 라이언이라고 부르다가 마음에 들거나 칭송할 일이 있을 땐 '무파사'라고 부른다. 그러다가 이상하거나 마음에 들지 않을 때 '스카'라고 부르며 뒷담화를 해댄다. 그러다가 분위기가 격해지면 누군가는 스카를 넘어 '스바'라고도 한다는데….

T 언제까지 불편하게 직접 가서 가구 살 거야? 조립도 할 거야?

이제는 가구도 여기에서. 이런 식으로 카피를 쓰는 거죠.

F 오, 좋은데요?

T 너무 딱딱하지 않나요… 다른 분들은 그러던데.

F 그건 맞긴 한데요.

T 저기요? 이렇게 대놓고 앞담화를 하신다고요.

F 그런데 가구는 딱딱할수록 튼튼한 거라 그런가?

카피가 딱딱해도 괜찮은데요.^^

F의 싸구려 농담에 T가 소스라치며 도망간 뒤, F는 T가 했던 말을 그대로 받아 적어봤다. 잠시 고개를 갸우뚱거리다가 마지막 말을 조금 다듬어 카피를 한 번 정리하고는, 남아 있던 커피를 한입에 다 털어넣었다.

언제까지 불편하게 직접 가서 가구 살 거야.

가구, 불편하게사자-는 그만.

이제는 가구도 편하게사자.

클래스 2
선 하나만 그었을 뿐인데

저는 잘 모르는 옛날이야기 하나 잠깐 해볼까 합니다. 삼촌이 말하시길 예전엔 짝꿍과 책상 하나를 나눠 써 본 적이 있다고 하시던데요(뻔뻔). 책상에 앉아 있는 일 자체도 답답한데 둘이 하나를 쓰는 건 얼마나 힘든 일일까요? 딱히 의도가 있던 것도 아니지만 자주 상대방 자리로 넘어가는 일이 생기고 그렇게 티격태격하다 보면 어느 날엔가는 찌익 선을 긋게 돼죠. "선 넘어오면 다 내 거다!" 선포하면서 말이에요.

그전까지는 장난을 치던 저도 아니, 제 삼촌도 짝꿍의 '선 긋기'에 살짝 움찔했던 것 같아요. 선을 긋기 전까지는 네 자리는 어디고 내 자리는 어디고, 가 애매했는데. 선 하나만으로 서로의 자리가 아주 명료해지니까요. 아, 다시 한번 말하지만 제가 실제로 겪은 일은 아니고 삼촌이 그렇게 말하셨던 걸 옮겨 적어봤습니다(뻔뻔).

조금 장황했습니다만 그만큼 '선 긋기'의 중요성을 말하고 싶어서 이야기의 활주로를 살짝 길게 빼봤어요. 브랜드와 관련 있는 작업을 하면 가장 많이 쓰는 단어 중 하나인 것 같아서요. **상대방의 컨셉, 포지셔닝과는 다른 인식**을 심어주겠다는 뜻이죠.

한때 『나음보다 다름』이라는 마케팅 서적이 불티나게 팔린 적이 있었습니다. 굳이 여기서 또 영어를 써야 하나 싶지만 'better'가 중요한 게 아니고 'different'가 중요하다는 이야기였죠. 브랜드 입장에선 1등에 목매겠지만 소비자는 생각보다 1등에 연연해하지 않죠. 남들과 나를 차별화해줄 수 있는 상품/서비스인지가 더 중요하니까요.

자, 도대체 선 긋기가 얼마나 중요하길래 이렇게 주저리주저리 떠드는지, 실전에서 어떻게 쓰이는지 알아봐야겠죠?

상징과 비유로 선을 긋는 법

배민에는 B마트라는 서비스가 있습니다. 사람들은 배달 음식만 시켜 먹는 곳으로 배민을 알고 있지만 B마트에선 달걀도 사고 과일도 사고 심지어 급할 때 뚫어뻥도 배달시킬 수 있어요. 그러니까 한마디로 '배달해 주는' 마트입니다. 그래서 그런지 이름에서부터 선 긋기가 느껴지지 않으시나요? 기존 마트와는 다른 마트라며 선을 긋고 들어가니까요.

기존의 대형 마트

새로 등장한,
배달까지 해주는 마트

옛날 제 사수가 썼다고 얘기해줬던 카피도 떠오릅니다. 맥도날드의 커피 브랜드 '맥카페'를 국내에 론칭하면서 카피가 필요했을 때였다더군요. 지금은 많이 달라졌지만, 그 시절만 하더라도 스타벅스와 커피빈은 코카콜라 대 펩시처럼 완전히 2강 라이벌 구도였죠. 거기서 맥카페의 존재감은 디카페인처럼 제로였고요. 분명한 선 긋기가 필요했습니다.

별도 콩도 질렸다면

'스타'벅스도, 커피'빈'도 아닌 새로운 옵션으로 맥카페를 제시하고 있죠. 기존의 상품들을 옛날 사람들이나 마시는 커피로 치환시키고 이 커피에 새로움이 있다고 선을 긋고 있는 카피의 대명사라고 저는 생각합니다. 1등이 아니라면, 2등이든 3등이든 **후발주자라면, 소비자에게 강력한 카피**를 던져야만 합니다.

여유로운 일요일 아침, 코를 후비적대며 TV 광고를 대충 보고 있던 소비자에게 모래알을 던져서는 어림도 없습니다. 소비자가 사는 아파트 유리창을 짱돌로 와장창! 깨부술 것만 같은 카피를 던져야죠.

조용하지만 묵직하게 선을 긋는 법

다른 선배의 얘기를 하나 더 해봐야겠습니다. 가구 회사의 광고 경쟁 피티에 한번 들어간 적이 있었어요. 1강에서 말씀드렸던 팩트 북을 만들고 계속 공부했는데, 알면 알수록 가구에 참 진심인 회사더군요. 남들은 몸에 안 좋은 접착제나 목재를 잘만 쓰는데, 건강에 나쁜 거라곤 1도 쓰지 않는 참된 친환경 회사였죠.

그들의 진심을 전하고 싶었어요. 하지만 사원 나부랭이였던 저는 도대체 무슨 카피를 써 가야 하나 고민하다가 되도 않는 문장 몇 개를 부끄럽게 내밀었는데요(여러분의 시력을 보호하기 위해 보잘것없던 카피들은 숨김 처리해 둡니다). 일 잘하기로 회사 전체에 소문이 난 우리 팀 선배가 써온 카피는 바로,

---

가구라는 이름의 가족을 만듭니다.

가구의 본질을 고민하는 멋진 회사인 만큼, 가구를 가족이라고 연결 지어도 억지 같이 들리지 않았어요. 실제로 왜 그런 말들 많이 하잖아요. 좋은 가구는 평생 간다고. 그 닳고 닳은 말을 느낌 있게 고쳐 쓴 문장이 너무 탁월한 연결이라 저는 그저

입을 벌리고 있었는데 저희 팀장님은 좋다 나쁘다 말을 안 하셨어요. 한참 고민을 하시더라고요. 그러더니 다음 날이었을까, 이런 카피로 돌려주셨죠.

가구라는 이름의 가족을 만듭니다.
가구를 만듭니다.

자, 여러분의 첫 느낌이 궁금합니다. 이 수정, 찬성하십니까?

솔직히 제 생각부터 말씀드리자면 처음엔 이 워싱washing(업계에서는 텍스트 수정 작업을 빨래에 비유합니다. 더러운 글자들을 탈탈 털어 깨끗하게 빨아버린다는 뜻이죠)이 너무도 이상했어요. 당연해도 너무 당연한 이야기잖아요. 하나 마나 한 카피를 광고 회사에서 욕할 때 제일 많이 쓰는 말이 '쌀로 밥 짓는 소리', 조금 더 발칙하게 가보자면 '밥 먹으면 똥 싸는 소리'였거든요. 신입이었던 제 눈에는 딱 그 케이스였어요. 가구 회사니까 가구를 만들 텐데 가구 회사에서 저런 슬로건이 나오는 게 무슨 의미?

그런데 곱씹을수록 깊은 단맛이 나온다는 잘 지은 전설의 쌀밥 마냥 '이거다' 싶은 생각이 들기 시작했어요. (제가 권위에 굴복해서였을까요?) 가구를 만든다는 말은, 마치 다른 회사들은 가구를 만들지 않는다는 선언이었던 거죠.

만들었다고 말하기
민망한 조립식 가구

제대로 만든 가구

그 당시엔 솔직히 저 카피가 좋은지 아닌지 잘 판단되지 않았어요. 하지만 지금 와서는 선 긋기를 해야 할 때마다 생각의 주머니에서 꺼내 염주 마냥 만지작거리는 글입니다. 이토록 조용하면서 묵직한 포지셔닝 카피가 있을까? 아시는 분 있으면 제보 좀 부탁드려요.

'가구를 만듭니다'라는 슬로건으로 멋지게 우리 팀이 경쟁 피티에서 승리한 이후 두 번째로 과제가 찾아왔어요. 침대 광고를 해달라는 거였는데, 그중에서도 '모션 베드'라고 불리는 움직이는 침대에 관한 광고였어요.
어떤 카피를 써야 할까 고민하다가 저는 팀장님이 시전하셨던 '가구를 만듭니다'의 선 긋기가 떠올랐죠.

(적당히 기술들을 짜깁기해서)
쉽게 만든 모션 베드

(독자적인 연구 끝에)
어렵게 만든 모션 베드

침대를 움직이는 건
생각보다 쉬운 일.

일룸처럼 움직이는 건
생각보다 어려운 일.

광고주의 픽으로 실제 TV 광고까지 온에어되어 사원으로서는 참으로 기뻤던 기억이 납니다. 하지만 솔직히 '가구를 만듭니다'라는 문장의 선 긋기 공력에 비하면 같은 선 긋기에 놓기 민망 또 민망하죠. 하지만 부끄러움을 무릅쓰고 제가 여러분들께 이 카피를 소개하는 이유는, **좋은 카피 쓰기의 시작은 늘 선 긋기에서 출발**한다는 말을 하고 싶었어요.

이런 전략적 카피는 소비자의 지갑을 빠르게 열어야 할 때는 먹히지 않을지도 모르겠습니다. 하지만 소비자의 머릿속으로 들어가 기존의 관념을 흔들어야 할 때는 선 긋기 만한 게 없다고 생각해요.

시끄럽게 소리치면서 선을 긋는 법

"그럼 선 긋기는 소비자의 지갑을 빠르게 열 수 있는 건 아니겠군요?"라고 물어보시는 예리한 분들이 계실 것 같은데요. 저는 그건 또 아니라고 생각합니다. 모두가 소리 지르는 시대에 나만 조용히 선을 긋는다고 될까? 아니죠. 숏츠와 도파민으로 요약되는 이 시대에 우리도 좀 방정맞게 선을 긋는 방법도 고민해볼 필요가 있죠.

강남의 어느 아파트 지하상가에는 '피자느반NBANNE'이라는 피자집이 있습니다. 피자집 이름치고는 참 독특하죠? 어떤 뜻인지 감이 오시나요?

피자느반 사장님을 만난 것은 제가 회사에서 외식업 사장님들을 대상으로 카피라이팅 강의를 할 때였어요. 사장님께서 자신은 24시간 이상 숙성 및 발효하는 건강한 반죽을 고집하신다고 말씀하셨어요. 그렇게 '느린 반죽'을 한 피자만을 취급하기에 이름도 '느반'이라고 지은 거였죠. 이름을 그토록 멋지게 지었는데 사람들이 잘 몰라주는 것 같아서 더 공격적으로 이 이야기를 알리고 싶은데 방법이 없겠냐는 질문을 하셨어요.

그 얘기를 듣자마자 제가 더 놀랐어요. 선 긋기를 설명하려고 왔는데 이미 선 긋기를 실천하시는 사장님을 만났으니까.
왜 형이 거기서 나와, 아니 왜 정답이 거기서 나와-의 마음.

빠른 반죽

느린 반죽

역시 실전에서, 거리에서 영업하는 사장님들의 고민보다
더 깊게 네이밍을 고민하는 사람은 없겠구나 싶었습니다. 이미
사장님이 차려놓은 느(린 반)죽이라는 멋진 도우에 저는 그저
토마소 소스 한 숟갈 정도를 뿌려드리고 싶었습니다. 사람들이
피자느반의 소중함을 시각적으로 더 깊게 느낄 수 있도록.

사람들의 **눈길을 잡기 위해선 역시 어딘가 좀 이상해야** 합니다.
선 긋기에 대한 얘기를 하는 제가 그저 '빠른 반죽 대신 느린 반
죽'이라고만 말했으면 "그런 말은 나도 하겠다!"는 사장님의 반
응이 예상됩니다. 그리고 그건 고객들도 마찬가지였겠죠.

빠른 반죽 대신

느ㅇㅇㅇㅇㅇ

ㅇㅇㅇㅇㅇㅇ

ㅇㅇㅇ린반죽

그래서

느반

느린 반죽이니까 정말 카피에서도 '느으으으리게' 가보자고 제안을 드렸어요. 의도적인 오타로 정성 들여 긴 시간 동안의 반죽을 표현해 봤어요. 이런 접근을 이해해 주실까 살짝 걱정도 됐습니다. 하지만 브랜드에 대한 고민이 깊은 사장님답게 이런 카피가 줄 수 있는 타격감을 이해하시곤, 바로 매장에 해당 카피를 걸어주셨죠. 그 후엔 손님들이 포스터를 보고 끄덕끄덕하는 걸 자주 본다는 얘기를 전해주셨죠.

포지셔닝이란 누군가를 불편하게 만드는 것

선 긋기 파트를 따라오시면서 '상대편 회사는 조금 짜증나 겠다' 싶지 않으셨나요? 기존의 마트, 기존의 카페, 기존의 가 구, 기존의 피자… 모두 상대를 올드하거나 구식의 회사로 설 정하면서 많이 불편하게 만들었습니다. 어딘가 상도에 어긋나 는 것 같은 기분이 들 수도 있죠. '꼭 상대방을 까야 하는 걸까? 그냥 우리의 좋은 점을 진솔하게 잘 얘기할 수도 있지 않을까?' 하고 말이죠.

함께 일하던 한 팀장님은 이런 착한 아이 콤플렉스 같은 징징거림이 나올 때마다 다음의 말을 해주셨는데요.

"포지셔닝은 내 브랜드의 자리를 공고히 하는 게 아니야. **남의 브랜드를 불편하게** 만드는 거지."

저는 이 말이 카피의 진리를 담고 있는 말이라고 생각했어 요. 사람들은 생각보다 다른 사람의 (좋은) 이야기에 관심 없거 든요. "우리는 느린 반죽을 합니다!"라고 하면 누가 알아줄까 요. 느린 반죽이 왜 좋은지 어떤 면에서 좋은지 와닿지 않잖아 요. 근데 그 사람이 다른 브랜드를 묘하게 공격하는, 불편하게 만드는 선 긋기를 한다면, 그때부터는 재밌어하고 궁금해하죠.

브랜딩이나 마케팅 서적을 보면 '포지셔닝'이라는 말을 그 럴싸하게 많이들 쓰죠. 세상의 좋은 말들을 다 갖다 붙이는 노력 같이 보일 때가 많아 저는 가끔씩 피곤해지더라고요. 좋은 말 대잔치가 잘 안 풀릴 때는 차라리 동료들과 함께 나쁜 말 대잔치를 벌여봅시다. 우리의 경쟁 업체를 기분 나쁘게 할 만한 말을 모조리 찾아 함께 공동의 워크시트_worksheet_에 실시간으로 올려보는 거예요.

그러다 보면 우리의 브랜드, 우리의 카피가 가야 할 길이 저절로 보일 거예요. 포지셔닝이란 있어 보이는 문장이 아니라 **상대방을 없어 보이게** 만드는 문장이니까요.

실전에서 실천하기

1. 단호하게 그은 선은 생각보다 힘이 셉니다. 보이지도 않는 38선을 무의식적으로 두려워하는 것처럼 말이죠.

2. 나와 상대방의 선을 어떻게 그어야 할까? 막막할 땐 상징과 비유로 접근해 보세요. 1등 기업을 (윤리가 허락하는 선에서) 살짝 '악마화'하는 것도 방법입니다. 모두에겐 허점이 있으니까요.

3. 서비스나 상품의 성격에 따라 묵직하게 선 긋기를 할 수도, 보다 가볍고 경쾌하게 선 긋기를 할 수도 있어요. 그때그때 상황에 맞는 톤으로 하세요. 묵직하다고 재미없을 이유도 없고 경쾌하다고 소비자들이 무시하지도 않을 거예요. 그저 중요한 건 내 카피가 충분히 경쟁 지향적인지일 뿐이에요.

4. 포지셔닝의 핵심은 우리가 멋있어 보이는 게 아닙니다. 상대를 불편하게 만들어야 해요. 그러니 포지셔닝을 이끌어내는 카피를 쓸 땐 예쁜 말들은 잠시 참아 보세요. 상대방 서비스를 불편하게 하는 키워드를 수집하고 그걸로 카피를 써보세요.

**카피에 굳이
힘 빼지 마세요.
딱 30분만 생각하고
손 터세요.**

**카피에 너무
힘 빼지 마세요.
딱 30분만 생각하고
손 터세요.**

3강.

따라올 테면 따라와 봐 [선도성]

1등처럼 느껴지는 화법을 고민합니다

출근하고 캘린더를 체크하던 F가 한 가지 일정을 보고 고개를 절레절레한다. 기대했지만 기다려지진 않았던 그 날이 다가왔다. 대표인 라이언Lion과의 1 on 1.

라이언은 신기한 사람이었다. 대화를 하라면서 끊임없이 질문을 해댔는데 그 방식이 마치 면접 같달까. 사람들은 그래서 라이언과의 1 on 1을 1 대 1 헬스 트레이닝에 비유하곤 했다. 너무 시작하기 싫은데 막상 하고 나면 몸도 마음도 튼튼해지는 느낌이라면서. 대표가 되면 다들 이렇게 되는 건지 아니면 이런 사람들이 대표가 되는 건지 F는 궁금해하다가 생각을 그만뒀다.

알게 뭐람, 그저 오늘의 목표는 하나였다. 집중호우처럼 쏟아질 질문 전에 선빵 질문 하나만이라도 날려보는 것. 그냥 대답만 하다가

＊ 1 대 1 미팅으로 그간 하지 못했던 서로 간의 사적인 대화를 통해 신뢰를 쌓는 기회이자, 장기적인 관점에서 업무 피드백을 하는 자리.

끝나지 않을 것.

F　　라이언님 안녕하세요! 오늘 제가 하나 궁금한…

L　　(말을 끊으며) 오 F! 안 그래도 F를 만나면 물어볼 게 있었어요.

F　　(오늘은 내가 질문 선빵 치려고 했는데 실패) 네… 어떤 걸까요?

L　　우리 사자도 언젠가는 1등이 될 거 아니에요. 그쵸?

F　　네? 뭐 그… 그래야겠죠? 저희가 더 열심히 해야…

L　　그때의 광고 메시지의 방향성은 어때야 할까요?

F　　(질문을 먼저 하게 냅둔 자신을 저주하며) 조금 더 구체적으로
　　　말해주시겠어요? 저희가 1등이 아니라서 아직 생각해보지 않았는데…

L　　제가 우연히 한 소설가의 말을 하나 읽었어요.
　　　소설가가 되고 싶다면, 지금 당장 소설가가 되라고.

F　　(저 바쁜 사람이 소설은 또 언제 보는 거야?라고 생각하며
　　　고개를 갸우뚱한다)

L　　소설은 1도 모르니까 잘 해석했는지는 모르겠지만,
　　　1등이 되려면 1등의 생각을 해야 하겠다 싶었어요.
　　　그래서 그런 거예요. 내가 김칫국 마시는 것 같이 보여도
　　　좀 이해해줘요. 난 너무 궁금해요. 1등인 걸 꼭 숨겨야 할까?
　　　1등을 1등이라고 말하지 않겠다는 건 좋은데 그렇다고
　　　1등이라는 생각, 메시지를 던지는 것까지 피할 필요는 없을 것 같아요.

F　　생각해보니 정말 그런 것 같아요.
　　　제가 스포츠를 좋아하는데 말이에요. 사람들이 가장 좋아하는
　　　팀이나 사람은 늘 1등이에요. 페이커, 메시, 오타니.

그냥 세계 최강이잖아요.

L 맞아요. 강해지는 게 어렵지 일단 강하다면 고민 말고

그 강함을 어필해야 해요. 사람들은 생각보다 1등을 좋아해요.

잘 만들어서 1등이 되는 브랜드도 있겠지만,

1등의 이미지를 갖고 있기에 1등이 되기도 하지 않나요?

F 어떻게 해야 강한 브랜드로 보일지 표현을 조금 고민해 보겠습니다.

(제발 이제 그만 말해줘)

L 그렇다고 너무 강한 말은 하지 마요. 그럼 오히려 약해 보이니까.

근육을 자랑하자고 웃통을 벗을 일이 아니잖아요.

그저 셔츠의 팔목 부분을 조금만 더 걷어 올려도 좋지 않을까요.

고개를 끄덕이며 너무 많이 걷어 올려져 있던 셔츠의 팔목 부분을

내리는 F였다….

클래스 3
부채 대신 자산으로 싸우는 훈련

앞서 본 에피소드에서 나왔듯, 솔직히 대부분의 카피들은 완벽한 팩트보다는 이미지를 보여줄 때가 많습니다. 진짜 몸에 좋은 건지 아닌지 알 수 없지만 '왠지 좋아질 것 같은 느낌'을 기가 막히게 표현하는 약 광고들처럼요.

하지만 적어도 1등은 그럴 필요가 없습니다. 자신의 강함, 오래된 역사를 슬며시 자랑하면 되죠. 이런 상황을 가리켜 이전 팀장님이 자주 하시던 말이 있어요.

"부채 대신 자산으로 싸워야 해".

카피 쓸 때 자기도 모르게 소비자가 납득도 못할 그럴싸한 표현과 단어들을 무분별하게 쓰기 쉬워요. 예쁜 말, 힙한 말, 거창한 말, 이런 명품 같은 껍데기로 둘러싸인 카피를 키보드로 쓰다 보면 그럴싸하거든요? 그런데 실제 시장으로 가져가면 안 먹혀요. 소비자들은 그런 생각을 하고 있지 않을 테니까요.

저렴한 가격으로 업계 1등이 된 의류 브랜드가 갑자기 자기가 루이비통인 것처럼 굴면 사람들이 좋아할 리 없죠. 그런 극단적인 부채를 안을 필요는 없다는 얘기예요. 그 **브랜드가 보유**

하고 있는 이미지 자산으로 광고하라는 말이죠.

'부채보다 자산'이라는 말이 조금 어렵게 느껴지는 분들을 위해, 그 팀장님이 하신 말을 한 번 더 옮겨보고 싶네요.

카피를 '키가 크다'라고 쓰면 안 돼.
'서장훈보다 키가 크다'라고 써야지.

세상에 이토록 싱거운 이야기가 있나 싶죠? 그런데 말입니다. 제가 쓴 카피를 돌아보니 그런 카피가 참 많더라고요.

예를 들어 '강력하다', '싸다', '새롭다', '다르다', '감각 있다'는 단어들을 저는 자주 쓰고 있더라고요. 그래야 멋있으니까요. 하지만 **누구보다** 싸다는 거지? **어떤 면에서** 새롭다는 거지? 비교 주체가 없는 자랑은 그냥 거울 앞에서 자뻑에 빠진 중2병 환자 같은 카피였던 거였죠.

한번 편하게사자 케이스로 와볼까요. 만약 이런 카피가 있다면 앞서 말했던 표현대로 하자면 부채 덩어리일 거예요.

다른 감각
다른 취향
편하게사자

쓴 사람은 멋있다고 썼는데 객관적으로 볼 옆사람은 '니가 뭔데 다르다는 거야?'라고 느낄 만한 글. 그래서 늘 자신이 쓴 싱거운 카피에 '서장훈보다' 같은 소금을 쳐서 완벽히 간을 맞추는 게 중요합니다.

그 마트엔 없는 감각
그 쇼핑몰엔 없는 취향
편하게사자

그냥 1등이에요, 라고 말하지 마세요. 왜 우리가 1등일 수밖에 없는지를 자꾸 근거화해 보세요. 이 연습은 1등이 아닌 서비스나 상품에서도 마찬가지고요. 우리의 카피가 이걸 정말 잘 담아내고 있는지, 그걸 내가 쓴 카피에게 자꾸 물어봐 주세요.

특히 1등 브랜드라면 그래야 할 거예요. 2등이나 3등은 어떤 면에서는 부채로 싸울 수밖에 없거든요. 그러니까 그들이 이길 수 없는 자산 싸움을 고집해야 하죠.

하지만 그렇다고 이 말을 팩트, 헤리티지(역사), 노하우 같은 이야기만 해야 한다고 오해하지는 마세요.

150만 명이 쓰는 어플

대한민국 1등 국민 약

국가대표 침대

1등이라고 고리타분한 소재를 고집할 필요는 없어요. 중요한 건 결국 소비자들의 머리에 남기고 싶은 이미지일 겁니다. 1등만이 갖고 있을 대표성, 시장을 끌고 가는 선도적인 모습을 가져야 합니다.

'빚'은 하나도 내지 않으면서 '빛'을 낸 대표적인 사례를 떠올리자면. 제가 정말 애정하는, 전설적인 광고 카피가 먼저 떠오릅니다. 자동차 회사 벤츠에서 나온 카피였는데요. 아시다시

피 벤츠는 강인함, 독보적인 면모를 이미 자산으로 갖고 있던 회사였습니다. 다음은 벤츠 S 클래스 모델의 일부 기능이 바뀌는 것을 알리기 위해 쓰여진 카피였는데요.

사자가 자세를 바꾸면, 밀림이 긴장한다

광고계를 다뤘던 드라마 〈대행사〉에서도 한 편의 제목으로 나온 적 있는 이 문장. 카피라이터 지망생이었다면 모를 수가 없는 카피였습니다. 사자는 벤츠고 밀림은 자동차 시장이죠. 사람들의 머릿속에 어렴풋이 있던 구도를 이미지화하니 무게감이 육중해집니다.

결국 화자가 누구냐에 따라 달라지는 게 이 '자산'일 겁니다. 이 카피를 듣보잡 브랜드가 써먹었다면, 워스트 드레서로 뽑히겠죠. 벤츠는 이 감당하기 어려운 문장을 지드래곤 마냥 베스트 드레서로 완벽하게 소화해냈습니다. 그 결과 한국의 수많은 카피들 중에서도 독보적인 문장이 탄생하게 된 거죠.

하지만 돌고 돌아 정말 1등이라는 말밖에는 할 수 없는 상황이라면, 당연히 써도 됩니다. 대신 정말 잘 써야 해요.

1등이라는데 뭐가 더 필요해요

이런 막무가내식 카피는 잘못된 카피일까요? 아마도 써서는 안 될 구닥다리 화법 같기도 합니다만, 모든 카피는 **화자가 누구냐**에 따라 달라집니다. SBI저축은행 광고 속 문장이었는데요, 모델로 김혜자 선생님을 써서 어딘가 새로움을 줬고 또 그 속에서 설득력을 높였죠. 그럼에도 저 말만 있으면 바로 귀를 닫았을 텐데 그다음에 이어지는 키 카피가 한 번 더 고개를 끄덕이게 했어요.

1등이라는데 뭐가 더 필요해요
금융은 실전이야

왜 1등을 골라야 하는지 그 이유를 짧고 굵게 말합니다. 옷이나 가구, 음식은 2등이든 새로운 곳이든 도전을 해도 괜찮겠죠. 하지만 금융이라면 다르잖아요. 내 돈에 관련된 거니까 넘버원만큼 든든한 곳은 없겠죠. 그 얘기를 단호하게 담아냈습니다.

허세 한 꼬집은 선택이 아닌 필수

하지만 저런 멋진 카피들을 하루아침에 뽑아낼 수는 없는 일. 조금이나마 쉽게 1등의 표현을 뽑아내는 방법을 슬쩍 '도핑'해 봅시다.

1. 부사가 1등을 만듭니다

좋은 카피는 부사 하나로 결판나는 경우가 많습니다. 아주 잠깐만 샛길로 새 볼게요. 영화 〈헤어질 결심〉에서 탕웨이가 맛깔나게 뱉는 부사 '마침내'가 영화 안팎으로 화제였던 것 기억하시죠? 그 뒤로 마침내라는 말을 볼 때마다 〈헤어질 결심〉 영화가 떠오른다는 사람이 많았죠.

한때 화제였던 부사 중에는 '단언컨대'도 있을 거예요.

단언컨대 메탈은 가장 완벽한 물질입니다
- 베가 아이언

말로 하기엔 다소 어색하고 낯선 부사 단언컨대가 아니었다면, (그리고 이 문장을 기가 막히게 읽어준 이병헌 배우가 아니었다면) 이 카피는 세상에 태어나자마자 흔적 없이 행방불명되는 수많은 카피 중 하나였을 겁니다.

그런 점에서 1등을 만드는 마법의 부사는 바로 '역시'입니다. 그 옛날 "커피는 역시 맥심"이라는 레전드 광고가 있었죠. 역시의 힘은 역시 셉니다. 각자의 브랜드에 맞게 확장해보면 무궁무진해지니까요. 콜라는 역시, 만년필은 역시, 라면은 역시, 하면 여러분의 머릿속에서 떠오르는 브랜드가 하나쯤 있지 않나요?

SK매직이라는 가전 회사가 있었습니다. 그 회사의 정수를 잘 알려주는 광고를 만들어야 했어요. 전부터 내려오던 헤리티지에서 오는 렌탈 회사로서의 당당함을 말하고 싶어 했어요. 이름에서 착안해 효과적일 것 같은 부사는 뻔하지만 강력했습니다.

오직

매직

세상에 둘도 없는 정수기, 공기청정기를 만들던 회사였거든요. 그러니 오직 매직이라는 말도 공허한 말장난으로 그치지 않았죠.

하지만 부사를 잘못 쓰면 매우 올드하게 느껴지니까 **남발하지는 마세요.** 올드함을 중화해줄 이미지나 다른 스토리가 필수라는 점을 잊지 마세요.

2. 동사가 1등을 만듭니다

업계에서 잔뼈 굵은 선배가 예전에 저에게 이런 질문을 한 번 던진 적이 있었어요.

"좋은 브랜드는 뭘 가져야 좋은 브랜드일까?"

"글쎄요. 좋은 이미지?"

"그건 당연하고. 너 카피라이터 맞니?"

"(발끈하면서) 좋은 형용사겠죠? 이미지라는 건 결국은 형용사잖아요."

"아니야, 그것도 너무 당연한 소리. **좋은 브랜드는 좋은 동사를 가져야 해.**"

세련된, 힙한, 멋진 같은 형용사는 몇 년이 지나면 바로 잃어버릴 수식어여서요. 그게 바로 '부채'입니다. 하지만 그 브랜드가 소비자에게 약속하는 동사는 변하지 않는 가치를 가질 수 있어요. 즉, 1등 브랜드라면 동사가 있어야 합니다. 그게 바로 '자산'이구요.

예를 들어 현대카드가 힙하고 세련된 이미지를 가지는 건 그들이 수식어가 많은 카피라이팅과 화려한 비주얼에만 집착해서가 아닐 겁니다. 그들은 업계를 대표해서 카피에 동사를 잘 써먹어요.

업계 최초로 현대카드가 세로형 카드를 냈을 때입니다. 원래는 가로형 카드로 긁듯이 결제를 했죠. 하지만 마그네틱이 자꾸 손상되니까 IC칩을 꽂아서 쓰는 경우가 많았죠. 그럼에도 카드는 주민등록증처럼 가로형을 고집하고 있었어요. 시장이 세로형 카드를 원하고 있었습니다. 그때 현대카드의 메시지는 다음과 같았어요.

카드의 방향을 바꾸다

이 말은 아주 구체적이면서도 추상적입니다. 방향을 바꾼다는 말은 업계의 리더만이 하는 말이거든요. 현대카드가 업계 1등이 아님에도 젊은 세대에게 1등처럼 느껴지는 이유는 저런 동사의 힘이 아닐까요. 다른 카드 회사들과는 달리 '신용카드(업계)를 바꾼다'는 말이 부채가 아니라 자산으로 느껴지는 브랜드니까요.

요즘은 플랫폼의 시대인 만큼 아예 플랫폼의 이름이 동사가 되기도 하죠. 당근하다, 카톡하다, 처럼 말이에요. 카피라이팅과 살짝 거리가 있는 이야기기도 합니다만, 여러분이 브랜드를 담당하고 있는 마케터라면 내가 담당하고 있는 서비스나 상품에 '-하다'를 붙여보세요. 그 말이 어색하게 들린다면 왜 그런지, 어떻게 해야 익숙하게 들릴지 고민하는 것도, 브랜드를 키우는 좋은 자양분이 될 겁니다.

3. 태도가 1등을 만듭니다

이 말은 무슨 학습지 카피 같은데요. 태도보다는 사실 '스웩'이 맞는 말인 것 같습니다. 스웩은 힙합의 필수 요소 이전에 광고의 필수 요소라고 생각하는데요. 광고 속 당당함의 근본은 역시 애플이겠죠? 애플이 카피 잘 쓴다는 얘기는 이 책이 재밌다는 얘기만큼(?) 뻔하지만, 잠깐만 짚고 넘어갑시다.

괜찮아요, 아이폰이니까
바꾼 것은 오직 하나, 전부입니다

바꾼 게 하나뿐이라고 해놓고는 '전부'를 바꿨다고 하는 저 허세야말로 애플만이 할 수 있는 말 같은데요. 다만 저런 카피를 쓰는 건 누구나 할 수 있습니다. 접근 방식이 비슷한 카피는 늘 있었어요. 명품 브랜드 에르메스의 카피도 결이 비슷합니다.

모든 것은 변한다
그러나 아무것도 변하지 않는다
Everything changes, but nothing changes

그리고 이런 허세류의 끝판왕에 초초초 럭셔리 브랜드인 파텍 필립이 있습니다.

당신은 파텍 필립을 소유하는 게 아니다
다음 세대를 위해 잠시 맡아두는 것뿐이다
You never actually own a Pateck Philippe
You merely look after it for the next generation

물론 모든 허세가 저세상까지 갈 필욘 없습니다. 우주 최강의 허세만 있으면 숨 막히잖아요. 그리고 무엇보다 저런 카피는 모두가 허세를 기대하는 하이엔드 브랜드니까 가능합니다.

그에 반해 우리의 상품은 우리처럼 늘 아주 작고 하찮죠. 하지만 그렇다고 우리마저 무시하면 안 되잖아요. 우리라도 아껴줘야 하지 않겠습니까. 그 가운데 사람들이 눈치 못하게 슬쩍, 허세를 부리는 스킬도 필요합니다. 귀엽네, 하고 고개를 끄덕이고 넘어갈 만한 허세 말이죠.

그런 사례를 머릿속에서 떠올려보자니, 햇반의 슬로건 만한 게 없는 것 같네요.

밥보다 맛있는 밥

한국인의 식사엔 밥이 늘 올라오지만 그 밥이 맛없는 경우가 참 많습니다. 밥을 잘할 줄 몰라서, 냉동실에 한 달 동안 처박혀 있다가 나와서 등. 이런 수많은 케이스들을 모두가 겪어봤죠. 그래서 1등 기업 햇반은 감히 말합니다. 우리는 밥'보다' 맛있다고요. 누구든지 고개를 끄덕이면서 한 번쯤 피식 웃고 넘어갈, 그런 작고 귀여운 허세입니다.

배민도 한동안 '배달을 더 빠르게 알뜰하게'라는 슬로건을 내건 적이 있었는데요. 어딘가 정치 표어(?) 같기도 한 이런 말은 재미는 없어도 소비자에게 어떤 심상을 남기기엔 좋습니다.

업계의 1등으로서 **본질적인 문제를 해결**해 나가고 있다는 이미지 말이죠. 빠르지도 알뜰하지도 않은 배달에 대한 문제 제기가 계속될 때, 우리의 태도를 카피로나마 먼저 보여주는 것이지요 (물론 공허하지 않게 서비스도 함께 개선해야 되겠고요).

그런 면에서 선거 때마다 벽에 붙은 포스터를 꼼꼼히 읽어 보는 것도 좋겠어요. 다소 공해처럼 느껴지기도 하지만 어떻게 든 표를 얻기 위해 선거 캠프 안에서 수백 대 일의 경쟁률을 뚫 고 나온 카피들이 세상으로 우르르 쏟아지는, 귀한 수업 시간 이니까요.

자리 선점의 중요성

혹시 이번 강의의 제목을 전에 본 적 있으신가요? 그 옛날엔 아주 유명한 광고 문구였는데요. 무려 '초고속 인터넷'이 처음으로 한국 시장에서 태동할 때의 카피였습니다. 경쟁사 대비 빠른 속도를 강조하기 위해 쓴 말. "따라올 테면 따라와 봐." 어떠신가요. 보자마자 손이 오그라들 것 같은 이 허세는 1등만이 감당할 수 있는 말 같습니다.

그런데 사실 저 말은 업계의 2등 기업이 했던 말이었어요.

1등만이 꼭 1등의 화법으로 말할 필요도 없고 이는 2등도 마찬가지죠. 1등이 2등의 화법을 쓰기도 하고 반대 상황도 연출될 수 있죠. 또 그렇게 했을 때 색다른 맛이 생기기도 합니다. 마치 2등이 1등인 것 같은 업계 리더 이미지를 연출할 수 있고, 또 1등이 2등인 것 같은 역동적인 이미지를 만들어 소비자들에게 새로움을 줄 수도 있죠.

카피라이팅은 항상 이종격투기가 되어야 한다고 말했던 선배가 기억납니다. 발로만 하는 태권도, 주먹으로만 하는 권투여서는 안 된다고요. 이기기 위해서라면 주짓수나 무에타이는 기본이고 눈 찌르기, 정 안 되면 똥침까지 다 끌어써야 하는 실전형 글쓰기가 바로 카피라이팅이니까요.

그런 점에서 1등 기업은 1등의 화법만 써야 한다는 생각은 가장 먼저 청산되어야 할 적폐이기도 합니다. 앞선 강의에서 배웠던 선 긋기와 이번 강의에서 봤던 선도성을 상황에 맞춰 적절히 쓰는 연습을 계속해 보세요. 조금씩 라이팅이라는 이름의 근육에 굳은살이 배기는 걸 체감할 수 있을 거예요.

실전에서 실천하기

1. 보통 광고는 현재보다 미래, 있는 존재보다 없는 환상을 말할 때가 많습니다. 하지만 1등의 화법은 그럴 필요 없죠. 괜히 부채를 남발하지 말고 자산으로 말하는 고민을 해보세요.

2. 부사, 동사, 태도. 이 3가지가 1등의 화법을 완성합니다.

3. 1등이 아니어도 1등의 말을 할 수 있습니다. 오히려 그래야 진짜 1등이 될 수 있죠. 소비자의 머릿속에서의 1등이, 덩치만 1등인 것보다 훨씬 더 가치로울 테니까요.

**카피라이터랑
UX라이터랑 비슷한 거죠?
브랜드라이터까지 다 이름은
달라도 하는 일은 비슷한 거죠?
이 업무 좀 부탁드릴게요.**

**아, 이제 알았습니다.
홍보 캠페인 영역은
카피라이터님께 말씀드릴게요.
그리고 저희 앱app 안에서의
문구는 UX라이터님께
문의드리고요.
마지막으로 서비스의
미션mission 정리는
브랜드라이터님께 요청드릴게요.**

4강.

꺼진 이슈도
다시 보자
[대세감]

대세가 아니어도 대세처럼 만들어야 합니다

출근하자마자 S가 보자고 한다. 살짝 머리가 아프다. 리더인 S가
보자고 하면 보통 새로운 일이 들어왔다는 거니까.

S   놀라지 마요. 우리 편사에 마침내! 샥샥버거가 들어온대요.

F   (일이 들어왔는데 어떻게 안 놀래요) 근데 그걸 어떻게 보내준대요?
          우리 회사가 이제 배달까지 하나? 밀키트인 거예요?

S   그건 라이언이 알아서 할 일이겠죠? (다 같이 시원하게 한바탕 웃고)
          그리고 이제 우리는 우리의 일을 해야겠죠…?
          홍보 문구가 필요하겠죠?

F   샥샥버거 처음 들어왔을 때는 완전 난리였죠.
          지금은 그 정도는 아닌데… 힘이 빠져서 우리랑 손을 잡나.
          요즘은 그 맞은편 텐텐버거가 진짜 핫하던데….

S   그래도 샥샥도 가끔씩 줄을 서긴 서더라고요. 1년이 지난 지금도요.

F   솔직히 이슈는 꺼진 셈이긴 하네요.

S   대세가 아니어도 카피적으로 대세감은 밀어넣을 수 있잖아요.

F   어떻게요? (지난 추석 때 받은 곶감이 문득 생각남)

S   텐텐이 왜 핫하겠어요.

     여전히 미쿡표 수제버거에 대한 선망은 남아 있는 거잖아요.

     그 얘기를 조금 더 해주면 어때요?

F   알 것 같긴 한데…. 예를 들면 뭐라고 쓰면 좋을까요?

S   여기까지 말했으니 이제부턴 카피 쓸 분이 생각해 보셔야죠.

F   아, 거의 다 넘어오셨는데 아깝! 알겠습니다.

     (곶감이나 먹고 생각해 보자…)

대세 옆에 꼭 붙어 있을 때 생기는 일

'대세'라는 말을 모르는 사람은 없을 겁니다. 그런데 대세'감'이라는 단어는 어떠세요? **'대세인 것 같은 느낌'**이라는 뜻의 이 묘한 단어는 광고계 방언 사전에 꼭 들어가는 말입니다. 대세가 아니더라도 그 느낌을 풍겨야할 필요가 있을 때, "카피를 대세감 있게 짜달라"는 말을 하곤 하죠.

대세감이라는 단어가 생겨난 건, 광고라는 행위가 생겨난 본질적인 이유와 맞닿아 있을 것 같습니다. 진짜 대세는 광고가 필요 없잖아요. 대세가 아닌 상품만이 광고가 필요할 테니까요. 모든 광고 만드는 사람의 원초적인 욕구인 '우리가 대세인 것처럼 소비자들이 느끼게 해줘!' 이걸 한마디로 요약하면 "이번 광고는 대세감 있게 제작해 주세요"가 되는 겁니다.

그래서 광고에 그렇게 수많은 빅 모델들이 나오게 되는 거죠. 대세가 되려면 대세인 사람 옆에 있으면 되니까요. 어떤 배우가 마신 음료, 어떤 가수가 쓰는 화장품…. 제가 여기서 굳이 일일이 열거하지 않아도 여러분의 머릿속에서 자동 재생되는 연관 고리들이 많이 있죠.

카피라이팅도 이 전법을 따라가긴 해야 합니다. 그런 점에서 대세가 되려면 대세인 표현에 기대는 방법이 1번이죠. 온갖 유행어, 밈을 카피에 녹이는 이유입니다.

하지만 부작용도 있겠죠. 대세가 된 말에는 저작권이 없습니다. 내가 쓸 수 있다는 건 다른 모두가 쓸 수 있다는 거잖아요? 한때 'chill guy'라는 캐릭터가 인기를 끌면서 전 세계적으로 밈이 된 적이 있었는데요. 한국에서는 이 캐릭터의 단어 chill을 언어 유희적으로 써먹는 게 일종의 방식으로 자리 잡혔습니다. 그러다 보니 금세 피드의 모든 뉴스 매체와 브랜드 광고들이 이 chill 드립을 써먹는, 어chill어chill한 상황이 벌어졌죠.

그러면 이런 유행어는 쓰지 말아야만 하는 걸까요? 적어도 저는 카피라이팅에서 **'하면 안 된다'는 편견**은 없어야 한다고 생각해요. 누군가 "그러면 안 된다!"고 하면 반대로 '해야겠다'고 생각하시면 됩니다. 남보다 빠르게 밈을 쓰고, 또는 한물간 밈도 적절히 복고로 사용하고 그 밈을 모르는 사람에게도 이해가 되게 콘텐츠를 만들 수 있다면 그것만큼 좋은 일도 없겠죠.

홍삼 전문 브랜드인 정관장은 늘 '마음을 선물합니다' 같은 류의 추석이나 설날 광고들을 내보내던 브랜드였어요. 그런 브랜드가 밈을 쓸 때는 보다 신중해야 할 거예요. 할아버지 같이 점잖던 브랜드가 갑자기 chill 드립을 하면 정신이 나간 듯 보일 수 있잖아요.

여러분, 저는 퇴근합니다
열일하던 막내의 이름을 버리고
인싸의 라이프를 찾아 떠납니다

정관장이 애니메이션 〈이누야샤〉의 퇴사 짤을 이용한 건
그래서 스마트한 판단이었던 것 같아요. 역시 당시 대세였던
배우 박은빈을 써서 엘리베이터를 뚫고 날아올라 아래의 동료
들을 바라보며 저 카피를 말하게 하는 것. 진중해서 다소 고루
하게 보이기도 했던 브랜드가 단숨에 대세처럼 보이게 만든 광
고였습니다.

빠르게 치고 나가야 할 때는 밈을 쓰는 것도 맞겠습니다.
사람들이 스낵처럼 소비하는 콘텐츠라면 더더욱 그렇죠. 하지만 소비자의 마음속에 깊숙이 대세로 자리 잡고 싶을 때. 한마디로 단순한 상품이 아니라 브랜드의 철학을 담은 메시지 안에 대세감을 녹이고 싶을 때. 그때는 어떻게 해야 할까요?

물증은 없어도 심증만 있다면

거창하게 말하면 '시대정신'이지만 소소하게 말하면 '핫이슈'인 척하는 것. 이런 라이팅이 대세감을 만든다고 생각합니다. 실제론 무엇이어도 상관없지만 사람들이 그렇게 여기는 흐름이 있다면, 써먹는 거죠.

너무 추상적인 얘기 같이 들리니까 빠르게 사례를 들어보고 싶은데요. 이 토픽을 얘기하려면 먼저 '구독 경제' 얘기를 꺼낼 수밖에 없으니 잠시만 이 장황함을 버텨주세요.

자, 여러분은 몇 개의 서비스를 구독하십니까? 신문의 시대가 종말하면서 구독 같은 건 다시 하지 않을 줄 알았는데 말이죠. 정신을 차려보니 넷플릭스, 디즈니, 왓챠, 티빙, 스포티파이, 유튜브 프리미엄을 구독하고 있는 스스로를 발견하고 깜짝 놀란 건, 저뿐만이 아니죠?

그야말로 온 세상이 멤버십을 말하니 저희 회사도 구독 서비스를 론칭하게 됐습니다. 가격이 1,990원밖에 안 되는 정말 저렴한 구독 프로그램이었어요. 그런데 이걸 그냥 싸다고 하면 사람들에게 와닿지 않겠죠? 비교점이 있어야겠죠.

저는 '1,990원이라서 싸다'는 말을 이렇게 바꿔봅니다.

**요즘 다른 멤버십 가격은 계속 올라가는데 - 대세적 흐름
우리는 오히려 더 내려갑니다.**

하지만 이걸 카피로 써먹는 건 안 되겠죠? 너무 말하는 사람, 제작자의 의도가 분명한 설명문이니까요. 이렇게 팍팍한 밀가루 빵에는 설탕을 예쁘게 뿌리는 슈가 코팅 작업이 필수입니다. 고민하다가 한때 온라인 커뮤니티에서 대세였던 밈을 한번 붙여봅니다. "이거 어디까지 올라가는 거예요?"라고 해서, 경상도 사투리에서 어조가 상승하는 것을 갖고 재밌게 얘기한 밈이었죠. 전설적인 카피인 '당신은 지금 치킨이 땡긴다'를 지역별 억양에 적용해 보자면 이런 식이 돼요.

경상도	당신은 지금 치킨이 땡긴다
전라도	당신은 지금 치킨이~ 땡긴다
서 울	당신은 지금 치킨이 땡긴다

그걸 바탕으로 최종적으론 다음의 카피가 나왔습니다.

멤버십 가격 어디까지 올라가는 거예요

"정말 다른 멤버십 가격들이 올라가고 있나요?"라고 물어보시면 사실 증거는 없습니다. 하지만 각종 피드에 올라오는 헤드라인만 봐도 구독료 때문에 힘들다는 얘기가 쏟아지잖아요. 거기다 요즘 같은 고물가 시대에 이런 메시지를 던지면 고객이 어떤 기분이 들까요? '사실은 물가가 내려가는데 이 광고 보소 어디서 구라를 쳐'라고 생각할 사람은 솔직히 머스크 형님 빼곤 없을 거예요.

대세감이 뭔지 모르겠다고 하시는 분들에게는 이 한마디를 드릴 수밖에 없습니다. 물증은 중요하지 않습니다. 그저 **모두가 인정하는 심증**이면 충분합니다. 대세가 뭐인지는 사실 중요하지 않아요. 그냥 카피에서 그런 느낌적인 느낌, 감이 오게만 하면 되니까요. 그래서 아예 가격뿐만 아니라 카피 위치까지도 위로 올려버렸죠. 그냥 웃기려고 하는 게 아니고, 대세감을 위해서라도 물가가 올라가는 느낌을 연출한 거니까요.

학교 다닐 때 혹시 '허수아비의 오류Straw Man Fallacy'를 들어보신 적 있으실까요. 생소하신 분들도 설명을 보면 아실 거예요.

허수아비의 오류는 논쟁이나 토론에서 상대방의 주장을 왜곡하거나 과장하여 쉽게 반박할 수 있는 형태로 변형한 다음, 그 왜곡된 주장을 공격하는 논리적 오류입니다. 요즘 정희원 교수님이 얘기하는 '저속노화', 한 번쯤은 들어보셨을 것 같은데요. 교수님은 매번 정제 곡물 즉 흰쌀, 밀가루가 몸에 좋지 않다고 말하세요. 그런데 이 말을 '탄수화물은 몸에 나쁘다'라는 주장으로 바꾼다면 사실은 틀린 말이 되겠죠. 현미나 파로 같은 통곡물 속 탄수화물은 몸에 나쁜 게 아니니까요. 하지만 대부분의 사람들은 탄수화물을 부정적으로 여기고 있기 때문에 "탄수화물은 저속노화의 적이니까 이 단백질 과자를 드세요!"라는 말을 한다면, 이런 것이야말로 일종의 허수아비의 오류라고 생각합니다.

갑자기 이 얘기를 꺼내는 것은, 이번 장에서 이런 의문을 가지시는 분들이 있을 것 같아서예요. '결국 팩트가 없으면 안되는 것 아닐까?' 하지만 실제 상황이 어떠냐는 그리 중요하지 않습니다. 사람들이 그렇게 믿고 있느냐가 중요하죠. 허수아비를 때린다고 해서 아무도 뭐라고 하지 않죠. 물론 성숙한 어른들의 토론에서는 지양되어야 할 방식이지만, 내 팩트 폭력에만 설득력이 있으면 카피의 세계에서는 환영입니다.

모두가 사용하고 있다, 너만 빼고

성형 서비스를 중개하는 앱인 '강남언니'는 마케팅에 눈 밝은 사람들에겐 카피라이팅을 참 잘하는 서비스로 알려져 있죠. 성형에 대한 어떤 편견을 버리고 나면, 카피라이팅 공부에 이보다 좋은 서비스가 많지 않을 정도로 감도가 좋습니다. 그래서 신규 광고가 론칭했다고 하면 얼른 달려가 확인해 보는 곳 중 하나인데요.

최근에는 "아름답도록 정확한 정보"라는 슬로건을 보고 무릎을 탁 친 적이 있었습니다. '아름답다'와 '정확하다'라는 서로 멀리 있는 단어를 적절히 활용해 주목을 이끌어냈죠(이런 '격차' 있는 라이팅에 대해선 8강에서 다뤄볼게요). 아름다워지고 싶다는 욕망과 정확하고 안전하게 수술받고 싶다는 염려, 성형에 대해 고객이 바라는 두 가지를 한 문장에 '아름답도록 정확하게' 포착해냈죠.

그전에는 이런 카피로 옥외 광고를 전개한 바 있었습니다.

누구에게나 언니가 필요한 순간이 있다
강남언니

어떤 카피에 대세감이 있냐고 물어본다면 핵심은 '너는 뒤처지고 있다', '모두가 쓰고 있는데'를 잘 녹여내는 거라고 생각합니다. 서비스 이름에 들어가 있는 '언니'를 활용해 누구나 고개를 끄덕일 만한 문장을 만들었는데요. 이 발신인이 강남언니라는 점이 아마 이 카피를 완성시킨다고 생각해요.

조금 더 노골적으로 가볼까요? 스마트 워치가 처음 나왔을 때를 생각해 봅시다. 아날로그 시계와는 다른 정서를 이야기해야 할 거예요. 아직 대세는 아니었잖아요. 그러니 대세감을 불어넣는 카피가 필요합니다.

스투피드 워치, 오직 당신의 손목에만

너 빼고 다 해. 이것이야말로 소비자에게 대세감을 느끼게 하는 필살기 화법입니다. 지금 당장 사지 않으면 시대에 뒤떨어지는 사람처럼 여겨지게 만드는 표현을 고민해 보세요.

이쯤에서 편하게사자 에피소드 속으로 한번 돌아가 볼까요? 여러분이라면 어떤 카피를 쓰겠습니까? 정답은 없으니 제가 생각하는 방향을 한번 말해볼게요. 요즘 물 건너 온 각종 수제버거 브랜드들이 여전히 난리죠? 오픈 초기에는 특히 '두 시간을 줄 섰다', '세 시간을 기다렸다'면서 바이럴이 되고 그 얘기가 SNS에서 뜨거워지곤 합니다. 요즘은 그 정도는 아니긴 하죠? 또 다른 브랜드가 들어오면 모르겠지만 지금은 그래도 대기가 두세 시간을 넘어가는 것 같지는 않아요.

이런 상황에서 여전히 줄은 서지만 유명세가 한풀 꺾인 수제버거 브랜드 B가 편하게사자에 들어왔다고 생각해 봅시다. 브랜드 담당자 입장에서는 엄청난 사건일 거예요. 드디어 이 브랜드가, 다른 앱도 아닌 우리 앱에! 하지만 소비자들에게는 아닐 수 있습니다. '요즘은 솔직히 A가 핫한데?' 이렇게 서비스의 세계에서는 약간의 시차가 생기는 경우가 상당히 많죠.

하지만 한풀 꺾인 B도 카피는 A처럼 쓸 수 있습니다. 사람들의 머릿속에 '힙한 수제버거는 줄을 서서 먹는다'는 인식이 깔려 있으니까요. 여러분이라면 어떻게 써 보시겠어요? 저라면 한번 이렇게 해보고 싶습니다.

언제부터 우리가
햄버거를 줄 서서 먹었는가

모두가 한없이 서 있을 때
우리는 앉아서 사 먹자
편하게사자

실전에서 실천하기

1. 대세감은 어떤 의미에서는 '대세가 아닌감'의 약자라고 봐도 좋겠습니다. 실은 트렌드라고 하기엔 부족하니까 대세인 척하는 거죠. 빅 모델, 밈 등 유행에 탑승하는 광고를 만들면 대세감을 획득할 수 있습니다.

2. 하지만 여러 이유로 편승이 어려울 땐 '너 빼고 다 한다'는 방향성으로 메시지를 써보세요. 현대인에게 가장 무서운 말은 남들 다 하는 것에 뒤처져 보인다는 말일 테니까요.

마케터가 가장 피하고 싶은 말 1

카피 A/B 테스트 합시다.
기왕 하는 거 10개 정도 돌려보죠.
3일 정도 집행해 보고
각 카피별 클릭률 정리해서 알려 주세요.

마케터가 가장 피하고 싶은 말 2

아 요즘 바쁘시구나…
그러면 리소스resource 효율 측면에서
카피 A/B 테스트까지는 하지 맙시다.
최선의 카피 하나로만 가보죠.
잘 써주실 거죠?

5강.

(카피 한 줄도
못 썼는데)
지금
잠이 옵니까
[위협소구]

보기 싫어도 자꾸만 눈이 가는 광고를
만들어야 합니다

T와 F에게 제일 좋아하면서도 꺼려하는 과제가 주어졌다. 자유롭게 카피를 써보라는 것. 종로 한복판에 남는 버스 정류장 광고 구좌가 생겼다면서, 라이언은 늘 일을 시키면서 선심 쓰는 것처럼 얘기를 하는 데 달인이었다….

아무튼 할 일을 해야 하는 두 사람, 맨머리 미팅을 잡았다. 설마하니 대머리들만 하는 미팅은 아니고, 일단은 특별한 자료 준비 없이 회의실에 모여 마인드 스토밍을 같이 하는 회의. F가 Fast하게 먼저 이야기를 꺼냈다.

F 저는 일본 광고 카피가 좋더라고요. 그래서 카피라이터가 꼭 되고 싶었어요. 기가 막히거든요. 교토를 소개하는 카피는 그중에서도 잊을 수가 없어요. "교토에서 들린 건 제 발소리 뿐이었습니다"라니. 조용히 힐링하러 당장 교토로 달려가고 싶지 않아요?

T 그 광고는 대문자 T인 제가 봐도 좋은 것 같긴 하네요…

하지만 뭐랄까…

제 감수성에는 잘 안 맞는 것 같아요. 꼭 성향의 차이만은 아니고,

일본 광고 카피가 한국에서는 잘 안 맞는 이유가 있지 않을까요.

한국은 훨씬 빠르게 변화하잖아요.

그래서 광고도 훨씬 더 호흡이 빨라야 하는 것 같아요.

F   어휴, 그놈의 다이내믹 코리아.

그렇다면 한국에선 뭐가 더 잘 먹히는 걸까요? 역시 다이내믹 카피?

T   감성 카피도 가끔씩 화제가 되긴 하지만…

솔직히 대세는 아닌 것 같고… 그냥 제 눈에 잘 들어오는 걸 떠올리면.

저는 어쩐지 성형외과 광고 그런 게 잘 먹히는 듯?

F   너무 싫긴 한데 너무 반박 불가네요. 안 보려고 애써도 보이고,

보고 나서도 잊으려고 애써도 잊혀지지 않죠. 왜 그럴까요?

T   그러게요.

그냥 BEFORE랑 AFTER가 명확해서 그런 게 아닐까 싶기도 하고요.

F   '외모'가 문제라면 '병원'이라는 솔루션을 만나서

이렇게 달라질 수 있다?

T   그쵸. 광고는 결국 사람들의 욕망을 자극해야 하니까.

그만큼 드라마틱한 욕망이 어디 또 있겠어요.

F   그런 카피 저는 쓰기 싫은데… 동의합니다.

솔직히, 사람들 눈에 잘 보이는 카피가 중요한 거죠.

T   거기에 한마디 덧붙이자면, 눈에 잘 보인 다음에는

사람들의 마음을 결정적으로 건드리는 마무리 한 방이 중요한 거고요.

F   성형외과의 방식을 반대로 차용해 보면 어떨까요?

편하게사자가 하루아침에 사라진다면?

이런 컨셉으로 아이데이션해 보는 거 어떨까요?

T 우리가 없다면 힘들 거야, 이렇게 협박하자는 말이죠?

완전 성형외과 광고업자 다 됐네요, F님.

F 업자는 무슨, 그냥 '라낳괴'죠 뭐. 라이언이 낳은 괴물.

클래스 5
최고의 극찬 "저 광고 짜증난다"

"무플 보다 악플".

이 시대의 바이럴을 이 문장보다 더 잘 표현한 말은 없는 것 같습니다. 아무도 보지 않는 최고의 카피보다 모두가 보면서 욕하는 최악의 카피가 더 효과적이라고 말할 때 이견을 다는 사람은 아무도 없을 거예요.

그런 점에서 인정하기 싫지만 인정할 수밖에 없는 카피들이 있습니다. 성형외과와 대부업체의 광고 문구들입니다. 어쩜 그렇게 예뻐지라고, 돈 빌리라고 협박들을 하는지. 요즘엔 언어 학습 앱도 유쾌하게 협박을 잘 건네는 것 같아요. 지금 영어를 배우지 않으면 뒤처질 거라는 저주를 어찌나 잘하는지.

이솝 우화 중 해와 바람의 내기에서 승리한 건 거센 차가움이 아니라 따사로움이긴 했지만, 사람을 겁주어 움직이게 하는 것만한 극약처방도 없을 거예요. 자주 쓰면 독이지만 잘 쓰면 득이 되는 위협소구를 배워봅시다.

협박이라는 이름의 구애

다음의 3가지 협박 카피를 함께 보면서 얘기 나누면 좋을 것 같은데요.

첫 번째는 화장품입니다. 선크림 광고를 제안했던 적이 있었어요. 광고주의 사양으로 사장되어버린 카피가 하나 있었습니다만, 저는 지금도 꽤 좋은 협박이었다고 생각하는 문장인데요.

속 태우지 마

이 선크림으로 괜찮을까, 더 좋은 선크림은 없을까, 고민하느라 속 태울 시간에 진짜 피부 속까지 태울 수 있다는 협박을 던지는 카피였죠.

두 번째 또한 제안했지만 결국 채택되지 않은 카피였습니다. 지금은 비트코인이 1억을 오고 간다지만 몇백만 원 정도일 때 가상화폐 거래소의 광고를 의뢰받은 적이 있었는데 말이죠.

어떤 카피를 써야 할까? 아직 사회 초년생이고 돈과 재테크에 큰 관심이 없던 저는 막막하기만 했습니다. 그때 리더의 가이드 한마디는 실천하기는 어렵지만 좋은 조언이었는데요. 바로 '돈 냄새가 나게 할 것'이었습니다.

그때의 저는 주식도 모르고 부동산도 모르는 글쟁이(?)였는데요. 사람 냄새 나는 글은 자신 있어도 돈 냄새 나는 카피는 도대체 어떻게 써야 할지 잘 모르겠더라고요. 그러다 결국 디씨 주식 갤러리와 코인 갤러리의 모든 게시물을 다 읽었고요. 수많은 밈과 실전 팁들을 흡수한 뒤 결론을 내렸습니다.

지금 우리가 해야 할 말은 "사촌이 땅을 사면 배가 아프다"라는 걸요. 그러니까 나중에 후회하지 말고 "지금 당장 사촌보다 먼저 너가 땅을 사라!"라는 귀여운 협박을 전개해야 하는 거죠. 제가 제안한 카피는 바로,

지금이 첫차다

'기회다!'라고 은근슬쩍 마음을 부추기는 것 같지만 한편으로는 지금 안 타면 나만 손해라는 불안감도 스멀스멀 올라오죠. 어떤 카피가 협박성 카피일까요? "너 그러다 큰일 난다"라고 말하는 것만이 협박이 아닙니다. 상대방의 마음을 살살 긁는 모든 말들이 카피라는 탈을 쓴 협박이라고 보시면 될 것 같

아요.

세 번째 카피는 제가 쓴 건 아닙니다만, 한때 온라인 커뮤니티의 유머 게시판을 달궜던 화제의 광고를 아시나요. 헬스장 광고였는데요, 기다란 입간판에 돼지 얼굴을 크게 박아놓고는 단 두 글자로 그 모든 광고를 압살했던 레전드 카피였죠.

응 너

이걸 본 사람은 어떤 기분이 들까요. 부들부들 떨면서 "안가!"를 외쳤을까요, 웃으면서 하지만 식은땀을 흘리며 '나도 헬스장 다녀볼까?' 고민하게 될까요. 적어도 저는 무조건 후자라고 생각합니다. 제가 본 최고의 협박 카피 중 하나인 것 같아요. 위트도 두려움도 모두 맥스 끝까지 다 차 있어 그야말로 '끎'인 문장입니다.

병 주고 약 주고 전법

신입 카피라이터 시절 한 이불 회사의 카피를 작성해야 했어요. 팩트가 있으면 좋겠지만, 대세감을 만들 수 있으면 좋겠지만, 선 긋기가 되면 좋겠지만… 아무것도 없을 때 카피를 써야 하는 경우도 많죠. 어떻게 접근해야 할까 고민이 됐습니다.

무슨 카피를 써야 할까 불안한 마음에 잠을 설치고 나선 아침 출근길. 언젠가 봤던 뉴스 한 토막이 생각났어요. '대한민국 사람들은 세계에서 가장 수면 시간이 짧다.'

**수면 시간을 바꿀 수 없다면
수면의 질을 바꿔보세요**

수면의 질은 이불이 결정합니다

살짝 투박한 맛이 있죠? 하지만 때로는 화려한 단어로 도배된 말보다 거친 팩트가 사람의 마음을 움직일 때도 있는 것 같아요. 위 카피는 협박처럼 안 보이기도 합니다. 하지만 동시에 "너 그렇게 살다가 큰일 나"라는 말을 아주 완곡하게 돌려 말하는 협박으로 보이기도 할 거예요.

117

사실 화법보다도 중요한 건 협박을 하자마자 반창고를 붙여준다는 데 있습니다. 수면 시간을 못 챙기면 큰일 난다고 '병'을 줘놓고는, 수면의 질을 올려줄 이불이라는 '약'을 주고 있으니까요.

앞서 살펴봤던 카피들도 협박 뒤에 올 이야기를 담보하고 있습니다. 굳이 재미없게 말하자면 솔루션이라는 단어를 쓸 수도 있겠는데요. 그건 좀 재미없으니까 **협박 → 달램**의 구조라고 우리는 기억해둡시다.

협박	달램
피부 속 태우고 있구나	그러지 말고 우리 선크림을 발라
지금이 첫차인데 망설이고 있구나	늦지 않았어 우리 거래소에서 코인을 사봐
비만일 수도 있겠어	대신 여기서 운동하면 해결할 수 있지

보충 수업 - 위협도 지킬 건 지켜가기

협박이라는 단어가 다소 거칠지만, 의외로 많은 카피들이 우리에게 협박을 가하고 있긴 합니다.

"지금이 아니면 만날 수 없는 혜택이에요", "곧 마감됩니다!"

이런 문장을 한두 개 정도 배치하는 건 생각보다 많은 결과를 바꿔낼 거예요. 에이 뭐 나중에 하지, 라고 생각했던 사람도 마법의 단어 '매진 임박'을 보면 나도 늦으면 안 되겠구나, 하고 바로 결제하게 만드니까요.

그래서 표시광고법과 같은 다양한 심의 체계 아래 '매진 임박' 같은 단어는 실제로 품절 직전에만 쓸 수 있어요. 아무리 사람들에게서 더 높은 결과를 이끌어내려고 했던 카피라이팅이라고 해도 거짓말을 하면 안 되겠죠?

법이 허용하는 선에서는 슬쩍 농담을 던져도 되겠고요. 시장 상인들이 자주 쓰는 "날이면 날마다 오는 기회가 아닙니다"가 그 예 중 하나겠죠.

우리, 농담을 던져야지 위선자가 되지는 말자고요.

실전에서 실천하기

1. 협박은 힘이 셉니다. 인정하고 싶지 않아도 눈이 가는 성형외과 광고, 금연 광고가 그렇듯 말이죠.

2. 윽박지르는 데 초점을 맞추지 마세요. 협박이 지나간 자리에 남을 상처에 바를 약이 효과적인지를 고민하세요. 약을 주기 위해 병을 주는 것임을 잊지 마세요.

3. 협박이라는 왓투세이를 기억하고 다양한 화법으로 풀어내 보세요. 정말 무섭게 만드는 것도 중요하지만, 재미있게 위협할 수도 있고 아주 젠틀하게 말을 건넬 수도 있어요.

ABC안 다 모두 좋아요!
그래서 결정을 도저히 못하겠어요.
조금 더 생각해봐도 될까요?

브랜드 메시지의 구조

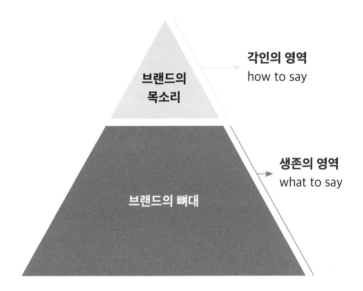

각인의 영역
how to say

브랜드의
목소리

생존의 영역
what to say

브랜드의 뼈대

* 2017 구글 개발자 컨퍼런스 중 'Standout UX writing'을 재가공

왓투세이를 정복했으니 이제 하우투세이를 정복해 볼 시간입니다. 앞의 챕터는 요리의 재료를 고르고 다듬는 시간이었던 거죠. 요리는 재료가 다잖아요. 투플러스 한우를 이길 요리가 어디 있을까요. 그만큼 왓투세이는 카피의 80%를 결정하는 것 같습니다.

자, 그렇다면 여기까지 따라오신 분들이라면 바로 질문을 던지시겠죠? "20%는 뭐가 결정해요?" 바로 다음 파트에서 배울 하우투세이입니다. 고작 20%라는 얘기에 '여기서부터는 대충 봐도 되겠구나' 생각하는 당신은, 한우를 컵라면에 넣는 '범죄'를 저지르는 걸지도 몰라요. 굳이 〈흑백요리사〉를 언급하지 않아도 재료만큼이나 중요한 게 요리사의 손길이라는 건 잘 알고 계시잖아요.

진짜 맛있는 카피, 사람들의 마음을 훔치는 글을 만드려면, 좋은 재료와 좋은 요리법이 만나야만 가능합니다. 그렇다고 무조건 요리사의 '불질'처럼 현란하고 멋진 화법만이 정답은 아니에요. 때로는 라면 스프처럼 단순하지만 강력한 화법이 맞을 수도 있으니까요. 편하게사자의 다른 마케터 T와 함께 쉬운 스킬부터 어려운 스킬까지 따라가다 보면, 다양한 카피 후보를 전보다 편하게 만들어내는 스스로를 발견할 수 있을 거예요.

Part F:

F인 척

카피 쓰기

6강.

어깨에 힘을 빼는 최고의 방법 [반복]

어렵다는 피드백이 어렵습니다

편하게사자의 첫 번째 TV 광고가 정해졌다. 몇억 단위의 프로젝트인 만큼 외부 광고대행사가 붙을 예정이었지만, 그 전에 내부에서도 몇몇 카피를 추려보기로 했다. 그리고 담당자는 T로 결정되었다.

T가 몇 차례 카피를 들고 갈 때마다 반응은 늘 비슷했다. 맞는 말인 것 같은데 조금 어렵다는 반응들. 카페 공간에서 아이스 커피를 맥주처럼 벌컥벌컥 들이키고 있는 T 옆에, 조금 전 회의에도 같이 있었던 사업기획팀의 N이 슬쩍 다가왔다.

T 내 카피가 그렇게 어려워요?

N 조금 그런 것 같…기도 하지만 전 방향성은
      T님이 제일 좋다고 생각해요.

T 휴, 어렵긴 어렵나 보네요. 어떻게 써야 카피가 쉬워지는지….

N 솔직히 전 카피라이팅 어떻게 하는지 모르지만,

왠지 그런 생각이 들어요. 어렵게 고민하면 어려운 카피가 되고

쉽게 쓰면 쉬운 카피가 되는 거 아닐까 하고요.

T 말은 쉬운데 말이죠. 쉽게 쓴다는 건 어떤 걸까요…?

그런 건 천재들이나 하는 거 아닌가.

N 글쎄요… 그냥 예를 들어 두 번 세 번 말해 보는 건… 어때요?

T 으흠?

N 제가 아이를 키우느라 동요를 자주 듣는데요. 귀에 너무 잘 들리는

거예요. 보니까 모든 동요는 한 번 말하지 않아요. 두 번 세 번 네 번

말하더라고요. 아 참, 그거 아세요? 텔레토비는 모든 장면을

두 번 보여준대요. 애들한테는 두 번 정도 반복해야 각인된다고

하더라고요. 우리 현대인들도 어딘가 다 유아스럽잖아요.

실제 나이에서 예전보다 10살은 빼야 한다잖아요.

몇 년 더 있으면 20살은 빼야 한다고 하겠어.

T 말하자면…

우리 회사 광고를 "이제 우리 편하게 사자 사자 사자!"처럼 말이죠?

N 그런 것도 하나의 방향성이 될 수 있지 않을까 싶은 거죠.

다들 회의실에서는 '무슨 카피가 저래'라고 생각하면서

집에 갈 때쯤에 오늘 어떤 카피가 좋았지 돌이켜보면…

T '사자사자사자'만 맴돌 수도 있겠네요.

N 그렇지 않을까요?

그렇게 말한 거 기왕이면 맨 끝에 한 번 더 '아자!'로 하면 어때요.

T 이제 그만 얘기하'자'….

N   죄송합니'자'.^^

N이 했던 말들을 잘 다듬은 뒤 T는 팀 슬랙 채널에 눈을 질끈 감고 카피를 새로 올려봤다. 동료들의 이모지가 하나둘 달리고 답글도 계속 늘어나기 시작했다. 이 카피면 BGM으로는 태사자를 쓰자는 낡은 드립까지 난무하던 가운데 T의 눈에 띄었던 리플이 하나 있었다.

"엇? 저 지금까지 이 카피 F님이 쓴 건 줄 알았는데, T님이었네요?"

클래스 6
세 번 말했을 뿐인데 힘이 생기네

어쩌다 보니 카피라이팅을 설명하는 책을 쓰게 되니 제가 되게 고민도 안 하고 카피를 술술 쓰는 사람처럼 말하고 있는 데요, 그럴 리가 있겠습니까. 저도 늘 '빈 문서'를 보면 머리카락도 빌 것 같은 평범한 사람입니다. 억수로 잘 써지는 날이 있으면 드럽게 안 써지는 날도 있습죠.

안 그래도 기가 막힌 글을 쓰는 건 어려운 일인데, 복잡한 이해관계와 시장 경쟁 구도 같이 머리 아픈 요소들이 섞이면, 어깨에 힘이 자꾸 들어갑니다. 어려울수록 쉽게 해결해야 한다지만 그런 건 제삼자의 훈수 또는 강 건너 불구경 같은 조언. 이럴 때일수록 키보드 한 글자도 쉽게 누르기가 힘들고 영 진도가 안 나가는데요.

도대체, 어떻게 해야, 어깨에 힘을 빼고 글을 쓸 수 있을까? 저에겐 팁이 하나 있는데요. 힘을 빼고 싶은 날에 떠올리는 것만으로 웃음이 나면서 긴장감이 스르르 풀리는, 광고계의 전설적인 비하인드 스토리입니다.

혹시 아이더eider라는 아웃도어 브랜드 아세요? 지금은 아는 사람이 많을 테지만 처음 등장했을 때만 하더라도 이름을 모르는 사람이 당연히 대다수였죠. 그런 상황에서 아이더를 홍보하는 광고 의뢰를 받았을 때, 담당 크리에이티브 디렉터cre-ative director, CD는 바로 이렇게 말하셨다고 합니다.

"난 아이더를 세 번 외쳐야겠어. 광고의 마지막에 이렇게 말하는 거야. 아이더, 아이더, 아이더."

술자리에서 이 이야기를 듣고 얼마나 웃었는지 모릅니다. 그런데 집으로 돌아가는 길엔 그 얘기밖에 생각나지 않았어요. 저도 잘 아는 광고였거든요. 실제로 온에어된 15초짜리 광고의 마지막 3초 동안 '아이더'라는 나레이션이 세 번 나옵니다. 그게 그 광고의 모든 카피거든요? 다른 어떠한 메시지도 던지지 않아요. 그런데도 보고 나면 귀에서 아이더~ 메아리가 떠나질 않는데 그 노림수가 너무 정확했다 싶죠.

진실인지 아닌지 알 수 없는 이 구전설화를 여러분이 믿어도 되고 안 믿어도 자유입니다만, 'CD님이 참 독특하고 괴짜시네' 하고 넘길 일은 아니라고 생각합니다. 어려운 문제일수록 쉽고 직관적으로 해결할 것. **반복해서 두 번 아니 세 번**까지 말하면 사람들은 더 집중해서 들을 수밖에 없거든요.

어느 날엔가 저는 식품의 이름을 지어야 하는 과제를 받았어요. 회의 중에 "네이밍이 곧 카피라이팅이 되면 어떨까?" 하는 얘기가 나왔고, 그렇게 제품 이름이 곧 홍보 문구가 되는 패키지를 만들어보자는 방향성이 정해져 있었는데요. 만인의 반찬인 동그랑땡. 이름을 뭐라고 지어야 할까 생각해 보려고 발음을 해보는데 '땡'이 눈에 걸렸어요. 쌍자음이고 맨 마지막에 있고 다양한 뜻이 있는 그 '땡'. 이걸 갖고 놀아봐야겠다고 생각했어요. 마치 그 CD님처럼 세 번 발음해볼까? 이 대전제를 세우고 카피를 마저 붙여봤어요.

무조건 '땡'을 반복한다.

세상에 너무나도 수많은 동그랑땡이 있지만 그중에서도 무엇을 사야 할지 고민하는 소비자들에게 어필하려면. 뭔가 아주 땡땡한 한 방이 있어야지 않을까요? 왠지 '학교종이 땡땡땡~' 노래에 맞춰 카피가 나오면 꽤 그럴싸한 영상이 나올 수도 있겠다는 이야기를 하며 만든 이 카피는 '반복만 해도 반은 먹고 들어간다'의 좋은 사례일 것 같아요.

모양이 땡그래서

육즙이 땡땡해서

맛까지 땡큐라서

배민이지 동그랑
땡

두 번만 말해도 집중됩니다
두 번만 말해도 집중됩니다

그렇지만 앞의 사례를 보고 이런 생각도 하실 거예요. '방금 말씀 주신 건 동그랑땡이니까 가능한 카피라이팅 아닐까요? 땡 같이 매력적인 단어가 없을 때 무턱대고 반복하면 별로잖아요!' 그에 대한 저의 대답은 '일단 무슨 카피를 써야 할지 모르겠으면 무턱대고 반복해도 좋다'입니다. 쉽게 쓰여진 카피는 절대 아닙니다만 이 사례를 보여드리고 싶어요. 반복은 어려운 기술이 아니라는 이야기를 하기 좋은 케이스 같아서요.

기준은 팩트입니다
선택은 우루사입니다

어떠세요? 아주 창의적인 카피라이팅은 아니지만 기준/팩트/선택 같은 단어 덕분에 신뢰도를 높여주고 있죠. 사람들이 재미로 사는 제품이라면 모르겠지만 효능을 믿을 수 있는지가 중요한 게 바로 약. 확실히 반복의 구조는 말맛도 살려주고 단호한 느낌까지 자아내죠. 거기다가 쉽습니다. 말이 아주 잘 들리잖아요? "잘 모르겠으면 일단 두 번 말해 보자"는 '그런 조언이라면 나도 하겠다' 류에서는 최고로 효과적인 카피라이팅 중에 하나라고 생각해요.

신입 시절에 운이 좋게 한국 최고의 흥행 영화 〈명량〉의 카피를 고민할 기회를 가졌어요. 영화사에서 기본적으로 제시한 카피는 당연히 "신에게는 아직 열두 척의 배가 남아 있습니다". 이 문장을 이길 카피를 생각하는 건 쉽지 않았어요. 그때는 '반복'이라는 스킬을 잘 모르고 이런저런 카피들을 쓰면서 머리를 쥐어짜며 괴로워했는데요.

그러다가 이순신의 명량해전은 그야말로 불가능을 가능케 한 전쟁이라는 생각이 들었죠. 불가능과 가능, 이 역설을 카피로 풀 수 있으면 좋겠는데, 방법이 없을까? 가능과 불가능도 이미 반복의 구조여서 그런지 이런 카피가 떠올랐어요.

절대 **이길** 수 없는
절대 **질** 수도 없는

절대 몰라서는 안 될 단 하나의 전쟁, 〈명량〉

신입 사원답게 맨날 카피 써 가면 선배에게 혼나기 일쑤였

는데 몇 달만에 칭찬을 들었던 기억이 납니다. 최종 카피 결정 단계에서 당연히 이순신이 직접 한 말(신에게는 아직~)을 이길 수 없어서 채택되지는 않았지만 말이죠.

너무나도 새로운, 세상에 없던 카피를 쓰는 건 분명 어려운 일이에요. 하지만 **구조를 잡고 카피를 반복**하는 일은 그에 비해서는 훨씬 쉬운 일일 겁니다.

쉬운 길이라고 해서 더 나쁜 카피가 만들어지는 것도 아니죠. 〈명량〉의 카피 사례처럼 이러한 구조로 어떤 상황의 패러독스까지 짚어낼 수 있다면, 읽는 사람으로 하여금 '절대 안 볼 수 없는' 영화 느낌을 뿜뿜 불러일으키지 않을까요.

반복은 그저 말장난에 그치지 않습니다. 웃기게 하는 목적이 아니거든요. 근육을 붙이려면 아령을 한 번 들어서는 안 되겠죠? 두 번 세 번 해야 힘이 생기죠. 반복이 주는 힘은 카피에도 유효합니다.

카레가 맛있으려면,
카레가 맛있어야죠

오뚜기 카레의 이 카피를 처음 봤을 때 이거야말로 잘 쓴 카피다 싶었어요. 김치찌개가 맛있으려면 김치가 맛있으면 된다, 된장찌개가 맛있으려면 된장만 맛있으면 된다, 이런 말들 많이들 하잖아요. 그걸 카레로 끌고 왔어요. 저 멘트를 실제 광고에서는 윤여정 배우가 합니다. 그러니 저 작은 반복에서 얼마나 큰 힘이 생겨나겠어요.

그런 점에서 이 단락의 소제목은 어떠셨나요? 오타인가 싶어서 조금 더 자세히 보신 분이 분명 있지 않으실까요. 나름 노림수였는데 먹혀들었을지 모르겠네요. 아무것도 아닌 말도 두 번 써 있으면 이상하게 쳐다보게 된다는 걸 소제목으로도 보여드리고 싶었어요.

내가 쓰는 글에서 반복할 거리를 찾아보는 것, 쉬우면서도 멋진 카피를 쓰는 첫 번째 길이라고 확신합니다.

비트에 글을 맡겨 봐

전에 아웃도어 브랜드의 카피라이팅을 담당한 적이 있었는데요. 그때 과제가 봄 세일에 관한 카피를 쓰라는 거였죠. 여느 유려한 싯구처럼 멋드러지게 봄에 관해 쓰고 싶은 마음도 있지만 그저 쉽게, 남들이 보고 피식 웃고 넘어가게 쓰고 싶었어요. 그러다가 요런 말이 떠올랐는데요.

봄바람은 솔솔
봄특가는 쏠쏠

솔솔과 쏠쏠은 아무 상관 없는 단어입니다. 하지만 어딘가 두 단어가 닮았다는 건 굳이 제가 말씀드리지 않아도 되겠죠. 직접 소리 내어 읽어보면 그 맛이 더 살아납니다. 이렇게 입밖으로 읽었을 때 좋은 카피를 '말맛이 살아 있다'라곤 하는데요. 이런 카피 사례를 하나 더 말씀드려 보자면,

🦀 꽃게 싸게 줄게 🦀

광고 회사에서 배민으로 이직하고 나서 처음 맡은 과제는 '꽃게를 팔아라'였습니다. 앱에서 나가는 푸시 알림을 통해 사람들을 낚아야 했고요. 당연히 카피가 필요했고요. 각종 성과다 세팅이다 바쁜 나머지 카피 쓸 시간은 정말 부족했어요. 그러다 그냥 문득 '게'를 반복해볼까, 하는 생각이 들었죠. 싸다는 얘기도 할 수 있는데 이름도 딱일 때. 이럴 때의 반복은 '그냥 한번 해볼까'로 시작된 발상이지만 어쩐지 이 상품을 파는 데는 최선이라는 확신이 듭니다.

카피를 쓰는 사람 입장에선 아무래도 글이 멋있고 폼나고 있어 보이는 게 좋겠죠. 하지만 읽는 사람 입장에선 글의 품위 같은 건 아무래도 상관없습니다. 무슨 노벨광고상이 있는 것도 아니니까요(굳이 따지자면 깐느 광고제가 있긴 합니다만).

그저 쉽게, 초등학생이 봐도 이해할 수 있게. 카피가 막힐 때는 꽃게의 반복을 기억하게.

보충 수업 - 반복의 순서에 대해

① 모양이 **땡**그래서
② 육즙이 **땡땡**해서
③ 맛까지 **땡큐**라서

혹시 책에서 한 가지 질문이 떠오르지 않으셨나요? 동그랑땡에서 왜 카피 순서를 이렇게 썼을까? 여기에는 당연히 카피라이팅의 '노림수'가 들어가야 합니다.

① 모양이 땡그랗다는 건 모두가 인정할 수 있는 **'상식'**이죠. 음식치고는 장황한 카피와 비주얼이지만 당연한 사실이기에 무의식 중 고개를 끄덕이며 소비자는 다음 줄로 시선을 옮깁니다.

② 육즙이 땡땡하다는 건 이 상품만의 고유한 **'팩트'**입니다. 이름과 카피가 특이하지만 그것만으로 끝난다면 소비자에겐 살 이유가 없는 불필요한 장난감에 불과하겠죠. 실제로 담당 MD님으로부터 이 제품은 육즙이 타제품 대비 많다는 게 포인트라는 얘기를 들었어요. 그래서 이 얘기는 반드시 넣어야 했습니다.

"육즙이 땡땡하다"는 말은 사실 없는 말이죠. 엄밀하게 따져 보자면야 비문의 영역으로 여겨질지도 모르겠습니다. 하지만 마치 '시적 허용'이라는 말이 있듯 카피라이팅에서도 그런 부분을 어느 정도는 감안해서 쓰는 '광고적 허용'이 있습니다. 중요한 건 소비자가 그 낯선 표현을 이해해주냐 못 넘어가느냐에 있죠. 육즙이 꽉 차 있다는 느낌이 묘하게 육즙이 땡땡하다는 말로 이어집니다. 아마도 '땡'이라는 마법 같은 단어의 위엄인 것 같아요. 그렇게 해서 이 팩트 부분도 잘 해결됩니다.

③ 그럼 이제 마지막 부분은 어떻게 할까요? 상식과 팩트로 사람을 설득했으면 이제 그 긴장감을 풀어줘야 할 시간이죠. 여기서 '땡큐'라는 말을 꺼내 마무리합니다. **위트**라고 볼 수 있을 것 같아요.

솔직히 읽는 사람은 고려하지 않을 수도 있습니다. 그렇다고 해도 쓰는 사람은 고려해야 하겠죠? 누군가에게는 먹혀들어갈 이런 설계를 업계에서는 '노림수'라고 부릅니다. 노림수가 노골적으로 보이지 않아 부담 없이 스며들었다가 소비자의 마음이나 행동을 바꾸게 되는 카피, 그런 카피는 노림수가 잘 먹혀들어간 카피로 여겨지죠.

실전에서 실천하기

1. 어렵게 쓰면 읽는 사람도 어렵게 느낍니다. 쉽게 쓰면 읽는 사람도 쉽게 느끼죠. 최대한 어깨에 힘을 빼고 쓰는 방법 중에 반복만큼 쉬운 건 없을 거예요.

2. 눈길을 끌 수 있을 것 같은 단어(마치 동그랑땡 속 '땡'처럼)를 반복해도 좋지만, 문장의 구조를 반복해도 좋습니다. 조사나 어미만 반복해도 리듬이 생겨요. 마치 노래 가사처럼 말이에요.

3. 반복이 익숙해졌다면, 조금 더 정교화하는 연습을 해보세요. 의미 없는 반복도 재밌지만 의미를 부여한다면 어떻게 할까, 보는 사람으로 하여금 어떤 순서로 이 반복을 받아들이게 할까. 카피를 읽은 사람의 반응을 고민하는 연습을 해보는 거예요.

너무 힘이
들어간 것 같아요.
조금 더 부드럽게
써 보면 어떨까요?

너무 부드러운 것 같아요.
꾹꾹 눌러서
조금 더 힘 있게
써 볼래요?

7강.

의미×재미=
미미
[말장난]

맞는 말과 웃긴 말 중에 결정이 필요합니다

편하게사자의 회식 날. 편사의 구성원들, '사자'들은 평소에는 절대 회식을 잡지 않는 초식 동물들이지만, 그래서 그런지 1년에 딱한 번 있는 이 저녁 회식 날만큼은 맹수로 돌변한다. 모두들 거나하게 취하는 분위기 속 삼삼오오 술을 마시는 자리에서 꼰대들의 강변이 시작됐고 T와 F는 도망치듯 그 자리를 피했다.

T   진짜 이런 자리에서도 일 얘기하는 거 노답이에요.

F   말해 뭐해. 그런데 사실 저도 고민이 하나 있는데…

T   안 돼 들어가 안 들어줄 거야 절대 말하지ㅁ,

F   (이미 시작하면서) 재미있는데 알맹이가 없는 카피랑 알맹이는 있는데 재미가 없는 카피랑, 뭐가 더 좋은 걸까요?

T   휴… 그래도 좀 재미있는 얘기 같으니까 잠깐 생각이나 해봅시다.
       얼굴은 천재인데 머리가 바보인 케이스랑
       머리는 천재인데 얼굴이 바보인 케이스랑.

어느 쪽이 나올까요?

F 꼭 골라야 하는 거예요?

T 무조건 골라야 하죠.

F 역시 얼굴 천재가 낫겠어요.

T 저라도 그럴 것 같아요.

F 그럼 답이 나온 건가요?

T 근데 차은우 같은 글은 어떻게 쓰죠? 보고만 있어도 웃음이 나오는…
    그런 천재적인 카피는 어떻게 쓰는 거예요?

F 모두가 차은우일 수는 없잖아요.
    대신 얼굴 천재 차은수 일 수는 있잖아요.

T 아… 그게… 맞는 말이긴 한데….

F 웃기잖아요. 그럼 된 거 아닐까요? 보고만 있어도
    웃음이 난다는 점에서는 두 얼굴이 공통점이 있잖아요…?

T 무슨 말인지 알겠는데 모르겠지만 알겠어요.

F T님 방금 그 말 좀 재밌는 것 같은데요?

＊ 개그맨 박명수의 부캐

클래스 7

어떻게든 뒤져보면 하나쯤 장난칠 구석은 나온다

말놀이라는 말을 아시나요? 오은 시인이 제창했던 개념인데요. 사실 어떤 의미에서는 우리에게 익숙한 말장난, 이른바 '아재 개그'와 크게 다르진 않습니다. 발음의 유사성을 이용해서 말을 한 가지 뜻에서 다른 뜻으로 바꿔나가는 거죠.

예를 들어 어느 영어 학습 브랜드가 스스로를 영어왕이라 자처하며 '스피킹king'이라고 말하는 상황을 떠올려보면 되겠죠.

장난 좀 쳐보자는 얘기를 사례도 없이 팍팍하게 할 순 없으니, 제가 실제로 라이브해 봤던 네 가지 사례를 함께 보면서 어떻게 장난을 칠지 함께 생각해보면 좋을 것 같아요.

1. 블록버스터를 불룩버스터로: 성격에 맞게 장난치기

365mc의 귀여운 캐릭터, '지방이'를 아시나요? 그 친구를 데리고 애니메이션을 만드는 프로젝트에 참여한 적이 있었어요. 재밌게도 지방이가 좀비가 되는 이야기여서 제목도 '좀(비)지(방이)'였죠.

만화를 만들었으니 예고편은 필수겠죠? 영화가 그렇듯 예고편이 재미없다면 보는 사람이 없을 테니 아주 정확하면서도 위트 있는 소개 카피가 필요했습니다.

147

당신을 살 떨리게 만들
단 하나의 블록버스터

맨 처음 떠올린 건 이런 말이었어요. 먼저, '살 떨리게' 만든다는 게 지방이라는 캐릭터와 잘 어울릴 것 같았고요. 귀여운 지방이로 블록버스터를 만들었다고 홍보하는 게 어딘가 '격차'가 느껴지는(격차에 대해서는 다음 8강에서 한 번 더 짚을 거예요) 단어였죠. 근데 여기까지 쓰고 쳐다보니 뭔가 부족하고, 한 스푼의 말장난이 더 필요하단 생각이 들었어요. 이건 심지어 만화잖아요. 진짜 블록버스터도 아니고요. 너무 딱딱하게 갈 필요가 없었죠. 아니, 그래서는 안 됐죠. 카피도 무조건 말랑말랑해야 했어요. 포동포동한 지방이처럼 말이죠.

당신을 살 떨리게 만들

단 하나의 불록 버스터

블록을 계속 노려봤더니 지방이처럼 불룩하게 변하는 구석을 찾아낼 수 있었죠. 장난을 칠 때 맥락을 고려해서 치는 연습을 해보세요. 서비스나 상품, 또 브랜드의 이미지를 고려해서 하는 거예요. 카피에는 정답이 없지만 때로 **어떤 말장난은 '이게 정답**이었네' 싶은 친구들이 있습니다. 블록버스터 대신 '불룩버스터'라는 말이 이 세상에서 제일 어울리는 건, 좀비물의 주인공이 된 지방이 아닐까요.

2. 연말결산은 연맛결산으로: 서비스에 맞게 장난치기

언제부턴가 모든 브랜드가 연말결산을 말하곤 합니다. 배민에서도 연말결산 페이지를 만들어 홍보해야 했어요. 배민은 전부터 '먹어보고서'라는 말을 써왔고, 그 말보다 위트도 있으면서 정확성까지 담보하는 단어는 흔치 않을 거예요. 그럼에도 불구하고 'ㅇㅇ보고서'라는 말장난은 시간이 흘러 너무 평범한 말이 되었죠.

그렇다면 눈물을 흘리며 버려야 합니다. 아무리 재밌어도 남들도 쓰면 과감하게 쓰레기통에 던져야만 해요. 그 대신 연말결산을 그대로 가져가되 단 한 글자만 바꿔봤어요. 음식이 중요한 서비스니까 연말이 아니라 '연맛'으로 말이죠.

수많은 연말결산들 사이에서 '연맛결산'은 조금 더 눈에 걸

렸어요. 그 전에 했던 캠페인보다 바이럴도 7배 이상 될 정도였으니까요. 사람들이 친구들에게 공유하면서 페이지를 여기저기 퍼나를 때, '배민이니까 이름도 이렇게 짓네' 같은 반응도 수집할 수 있었죠.

장난을 칠 때는 **서비스에 맞는 장난인지** 고민해 보세요. 작은 위트는 밋밋하던 브랜드에 '사람 냄새' 향기를 풍겨주죠. 그 결과 브랜드라는 꽃에 소비자라는 꿀벌들이 조금 더 모여들게 될 수 있을 거예요.

3. 지금 바로 쓰기 바람: 상황에 맞게 장난치기

책에서 다루고 있는 많은 카피들이 본의 아니게 영상 광고나 페이지처럼 '온라인'인 상황이 많았네요. 이번에는 오프라인에서 사람들과 직접 만나는 카피를 얘기해보면 좋을 것 같아요.

사람들을 문 밖에서 만나기 위해 한강으로 나간 적이 있습니다. 그때 그곳에서 만난 사람들에게 쿠폰을 건네주려고 했어요. 음식을 배달하는 서비스인 만큼, 해당 쿠폰을 현장에서 바로 쓰면 좋겠다는 생각이 들었죠. 그래서 쿠폰에다가 '지금 바로 쓰기 바랍니다'는 내용을 담아보려고 했어요.

근데 거기까지 생각을 하고 나니 이런 생각도 들었죠. '지금 바로 쓰기 바람'이라고 쓰고 쿠폰을 아예 부채로 주면 어떨까? 이 바람은 돈 냄새가 솔솔 부는 '지금 바로 쓰기 바람'이라고. 때는 5월 말, 한낮의 한강은 한강 작가님의 노벨상 수상 소식만큼이나 뜨겁잖아요. 그래서 정말로 저희는 부채 모양의 쿠폰을 제작해서 뿌려줬어요. 바람이라는 글자도 살짝쿵 바람처럼 디자인해 보고요.

3000원
지금 바로 쓰기 바람

사람들의 반응은 꽤 괜찮았습니다. 받자마자 부채질하시는 분, 햇빛 가리개로 용도를 변경하시는 분. 그 가운데 쿠폰을 즉시 사용하신 분들도 전보다 많이 늘어났음을 지표로 확인했죠. **상황에 맞는 말장난**은 확실히 힘이 있습니다.

4. 매직은 매일매일 만나봄직: 정수를 담아 장난치기

말장난이라는 게 '장난'이라고 해서 꼭 피식 웃기게 하는 걸로 끝날 필요는 없을 것 같아요. **때로는 진지한 농담**이 더 뇌리에 깊게 박히기도 하니까요.

SK매직의 리브랜딩 광고를 만든 적이 있었는데요. 늘 믿음직한 카피라이터 선배가 사명이 매직이니까 '-직'으로 끝나는 모든 좋은 말을 붙여서 광고를 하자는 아이디어를 냈죠. 해봄직, 바람직… 그 수많은 단어들의 이미지를 SK매직과 연결시켜 소비자의 머릿속에 내자는 탁월한 방향성이었어요.

그렇다면 그런 카피 흐름의 마무리는 어떻게 하는 게 좋을까요? 선배의 생각을 이어다가 제가 살을 붙인 문장은 이거였어요.

매(일매일 만나봄)직

결과적으로 영상을 닫는 마지막 클로징 멘트는 그 말이 되어, 멋진 프로젝트에 숟가락 하나쯤은 얹을 수 있었습니다.

매일매일 만나보라는 건 가전 회사가 던질 수 있는 업의 본질과 맞닿아 있죠. 하지만 그 말을 투박하게 던지면 '매일매일 돈 쓰라는 거냐!'라는 반응이 돌아올 게 불 보듯 뻔하죠. 하지만 '매일매일 만나봄직'이 되면 소비자도 날 선 마음을 조금 내려놓을 수 있지 않을까요?

5. 초당옥수수는 초(달달하)당: 아무튼 장난치기

'나…초(달달하)당…'

(배민, 전국별미 〈제주 초당옥수수〉 편 중에서)

그렇다고 모든 장난에 이유가 있어야 한다면 그건 너무 숨막히는 것 같기도 합니다. 그리고 우리끼리니까 솔직히 얘기하자면, 의도가 있는 장난은 더 이상 장난이 아니기도 하잖아요.

너무 어렵게 생각할 필요 없습니다. 말장난 칠 구석은 모든 말에 하나씩 있기 마련이니까요. 이렇게 이상한 소리를 해도 될까? 싶은 말도 일단 뱉고 보세요. 자신이 없으면 점을 많이 붙이시고요. 나… 초(달달하)당… 처럼요. 때로는 **아무 생각 없이 장난** 치는 것도 필요합니다. '발 없는 말이 천 리 간다'는 말 있잖아요. 요즘으로 따지자면 '의미 없는 말이 바이럴이 된다' 같기도 합니다. 적확한 말은 재미가 없으니까. 의도적으로 살짝 뒤틀려진 말은 오히려 보는 사람을 무장 해제시켜 놓죠. 거기다가, 초달달하다는 것은 초당옥수수의 본질이기도 하거든요.

갈 수 있는 한 끝까지 가본다

꼭 말장난에 국한되는 얘기는 아닌 팁 하나. 어떤 카피를 떠올리게 된 다음 본인의 기준을 통과했다면 그다음으로 할 일은, 그 카피를 구글에 검색해보는 겁니다. 없다면 비로소 통과! 하지만 만약에 있다면 고민을 해봐야겠죠. 베낀 건 아닌데 이걸 눈 감고 가야 할까 말아야 할까? 사실 답은 정해져 있죠. 쓰지 않는다는 결론. 그러면 어디서부터 어디까지 타협하지 말아야 하는 걸까요.

라이브 커머스(일종의 모바일 홈쇼핑)의 브랜딩을 담당한 적이 있었습니다. 블랙 프라이데이를 맞아 50% 세일을 준비하는 과정에서 해당 행사의 컨셉, 이름이 필요하게 됐죠. 자, 여러분이라면 어떤 카피를 쓰시겠습니까.

반값쇼

아주 나쁘진 않은 접근일 것 같습니다. '쇼'라는 매체와 '반값'이라는 핵심 베네핏을 한데 묶어냈으니까요. 거기다 '반갑소'라는 의미의 인사말도 떠올라서 보는 사람으로 하여금 지나

치지 않고 기억될 만하게 잡혀진 단어인 것 같아요.

하지만 구글에 검색해 봅시다. 이미 세상의 모든 브랜드들에서 쓴 닳고 닳은 카피라는 걸 알아차리는 데는 0.1초면 충분하죠. 우리 브랜드가 닳고 닳은 브랜드라서 상관없다면 그냥 이런 이름을 쓰셔도 되겠지만, 그게 아니라면? 여기서 머물러선 안 되죠. 무조건 디벨롭해야 하는 겁니다.

그렇다고 무에서 유를 창조하려니 막막하긴 합니다. 반값쇼가 나쁘지 않았으니까요. 어떤 걸 취하고 어떤 걸 버려야 할지 고민해 봅니다. 여기서 살려야 할 게 있다면 아무래도 50%를 강조하는 '반'과 한 편의 홈쇼핑으로서의 역할을 짚어주는 '쇼' 그 두 개인 것 같았어요.

쇼, 쇼, 쇼. 문득 김연아의 갈라쇼가 생각납니다. 갈라쇼라는 말이 갑자기 낯설게 보입니다. '가르다'라는 말을 재밌게 어미를 비틀어서 '갈라쇼'라고 부를 수 있지 않을까? 가격을 반으로 가른다는 컨셉이 그냥 반값보다 더 생동감 있게 느껴지는 것도 같아요. 칼로 싹둑, 자르는 영상도 머릿속에서 그려질 정도니까요.

반으로
갈라쇼

그리하여 최종적으로 얻어진 이름이었습니다. 그냥 단순한 세일이었다면 그리 어울리지 않는, 투 머치였을지도 모르겠습니다. 하지만 라이브 방송이니까 가능한 이름이었어요. 분명히 쇼이고, 쇼는 동적이어야 하니까요. 그냥 쇼보다 갈라쇼가 더 웅장해 보이고, 그냥 갈라쇼보다 반으로 가르는 게 더 제대로 갈라버린 느낌이 듭니다. 쇼호스트가 잔뜩 오버를 하면서 "반으로 갈라쇼!"를 외쳤던 순간을 기억합니다. 카피에는 정답이 없지만 **어떤 카피는 지금 이 맥락에서는 정답**이었구나, 싶은 순간이었어요.

장난을 우아하게 치는 법

곁에 카피라이터가 있어서 좋은 사람들은 바로 친구들일 거예요. 사람이 살다 보면 언젠가 꼭 글을 써야 하는 날이 오긴 하거든요. 결혼식 사회자 멘트에 청첩장 문구는 기본이고 심할 때는 연애 편지 속 표현까지 같이 고민해 준 적도 떠오르는 데요….

그러던 어느 날엔가 친구 하나가 병원을 여는 날이 오더군요. 근사한 화환이나 하나 보내주고 넘어가려고 했더니 그건 됐고 병원을 소개해줄 근사한 슬로건이 있으면 좋겠다는 거예요. 병원의 이름은 '서울탑재활의학과'. 탑이라는 말이 들어간 이유는 당연히 최고의 재활의학과가 되겠다는 당찬 포부 때문이었겠죠.

무슨 카피를 쓰는 게 맞을까? 고민고민하다가 '탑'이라는 단어가 눈에 아른거렸습니다. 그러다 보니 평생을 봐왔던 속담이 생각났더랬죠.

공든 탑이 무너지랴?

잘은 몰라도 재활의학과와 어울리는 기분이 들지 않나요? 열심히 병원을 다녀 뼈와 근육을 공들여 만들어 놓으면 무너지지 않을 거라는 메시지를 은연중에 주고 있으니까요.

하지만 여기까지만 쓰면 병원이 잘하겠다는 얘기가 아니고 환자 보고 잘하라는 얘기 같죠. '아픈 분은 공들여 병원을 다니세요!'라니. 이건 가장 피해야 할 메시지 방향성일 것 같습니다. 이럴 땐, 숟가락이 나를 가리키는 게 아니라 밥을 향하게 하듯 **살짝만 글을 반대쪽으로** 돌려주면 됩니다. 그리하여 최종적으로 다듬어진 문장은,

공든 탑은 무너지지 않습니다
공들여 진료합니다

친구에게 전해 듣기론 가끔 환자분들이 저 카피를 보고 고개를 끄덕이기도 한다는데요. 물론 100명 중의 4~5명이라고는 합니다만(카피가 그래요, 클릭률 5%면 나쁘지 않잖아요) 그렇게 이 병원이 '공들여 진료하는구나' 생각하는 사람이 하나둘 쌓이다 보면, 그 지역에서 가장 멋진 탑이 쌓여지는 날이 올 수도 있지 않을까 생각해 봅니다.

실전에서 실천하기

1. 브랜드의 성격을 고려하거나, 보는 사람의 상황을 고려해서 말장난을 구사해 보세요. 하지만 어렵다면 그냥 아무말 대잔치처럼 장난을 쳐보는 것도 좋아요.

2. 가능하면 끝까지 파보세요. 갈 데까지 가는 카피의 힘은 강력합니다. 구글 검색에서 찾아볼 수 없었던, 세상에 단 하나뿐인 카피를 써보는 거예요.

3. 장난도 진지하게 걸면 그 힘이 장난 아닙니다. 우아하게 장난치는 연습을 해보세요.

물어보면 난감한데 안 물어보면 또 섭섭해지는 말

카피 쓰신 분은 뭐가 제일 좋아요?

8강.

낯설수록 반가워진다 [격차]

에피소드 8

글text에도 보색 대비가 있는지 궁금합니다

회식 날의 깨달음을 안고 재미있는 말장난 카피를 가져갔더니 라이언을 뺀 모두가 웃었다. T님 다시 봤다는 사람들이 많아 기분이 좋았지만, 결국 대장을 설득 못 한 웃음은 실패의 다른 이름이기도 했다. T의 손에 남아 있는 건 보다 '눈에 잘 띄는 카피가 필요하다'는 아리송한 라이언의 피드백뿐이었다. 같은 프로젝트의 담당 디자이너 P에게 이 사실을 전하러 가는 T의 마음은 무거웠다.

T　죄송해요, 제가 잘 팔아왔어야 했는데…

P　괜찮아요. 절대 일차에 끝나지 않는 건 회식과 디자인의 공통점.
　　그래서 스카님 피드백이 뭐예요?

T　눈에 조금 더 잘 띄었으면 좋겠대요.
　　아니 말장난보다 눈에 잘 띄는 게 어디 있어?

P　그러게요… 근데 제가 글은 모르지만 디자인은 좀 알잖아요.
　　보색 대비라는 게 있다는 거 알죠?

163

T 제가 아무리 디알못이여도 그건 압니다.

서로 반대되는 색을 쓰면 눈에 잘 띈다는,

P 글도 그러지 않을까 싶어요?

제가 최근에 복싱을 시작했는데 말이에요,

T 오, P님이 복싱하는 모습! 상상이 전혀 안 가서 더 멋진데요.

보색 대비처럼요.

P 좋게 봐주셔서 감사합니다. 아무튼 말이죠,

체육관에 이런 말이 액자로 걸려 있더라고요?

"스텝이 가벼울수록 펀치가 무겁다" 이 말이 너무 멋진 거예요.

그런데 지금 T님이랑 말을 하다가 그 문장이 또 생각났어요.

T 경쾌하면서 묵직한데요?

P 그 말도 보색 대비 같은데요. 우리 그런 케이스를

조금 더 생각해보면 어떨까요! 저도 그런 비주얼을 준비해 갈게요.

두 사람은 조금만 더 아이데이션해서 이틀 후 미팅 때 보기로 했다. 보고가 잘 끝나면 하이볼 한 잔을 같이 마시기로 했다. 이유는 분명했다. 가벼운 탄산수에 묵직한 위스키를 섞은 술이니까.

클래스 8
A하게 만들려면 Z하라

좋아하는 책이 한 권 있습니다. 『A하게 하고 싶으면 B하라』는 제목의 일본 책인데요. 일본에서 아이들을 지도하는 선생님들에게는 바이블처럼 여겨진다고 하네요. 거기서 나온 사례 하나가 너무 카피라이팅의 본질과 닿아 있는 것 같아 소개해보고 싶어요.

조회 시간, 운동장에서 학생들에게 "선생님을 보세요"라고 하면 아무도 보지 않는다고 합니다. 당연하겠죠, 그런 하나 마나 한 말에 선생님을 보는 아이가 있다면, 그 아이가 독특한 거겠죠. 그런데 만약 "여러분 배꼽이 어디 있죠?"라고 물어본다면, 갑자기 아이들이 설마 자기 배꼽이 떨어졌나? 하면서 아래를 본다는 거예요. 그다음으로 쐐기 골을 넣습니다. "자, 그럼 그 배꼽이 선생님을 보게 만드세요"라고 말하자 열이면 열, 배에 힘을 주고 선생님을 보게 된다는 겁니다. 아이들에게 A하라고 지시하고 싶으면 B라는 말로 해야지 A나 A', AA로는 안 된다는 이야기.

저는 거기다 한술 더 떠서 "A하고 싶으면 Z하라"고 정리하고 싶습니다. **낯선 조합**일수록 오히려 보는 사람은 반갑게 그 **신**

신맛을 즐길 테니까요.

조금 더 구체적으로 와닿는 말이 필요하겠죠? 어렵게 생각하지 마세요. '단짠' 같이 말이죠. 달고 짜다는 건 (실제로 반대어는 아니지만) 어딘가 어울릴 것 같지 않은 조합이라는 인식이 있지만 그것이야말로 맛의 본질이니까요.

겉바속촉, 추운 겨울날 뜨거운 아메리카노, 더운 여름날 시원한 바다…. 처음에는 격차를 이렇게 접근해 보세요. 그러다 보면 조금 더 복잡한 차원의 격차도 소화가 될 거예요. 복잡하다고 해서 어려운 건 아니고요. 말하자면 '얼죽아' 같은 거죠. 추운 겨울날의 차가운 아메리카노야말로 살아 있는 격차니까요. 그 얘기를 한번 계속 이어가 보겠습니다.

'따로 또 같이'를 기억하세요

마치 피타고라스의 정리 같은 'A하고 싶으면 Z하라'를 카피로 소화한다면 뭐가 될까요. 낯선 표현의 예를 누가 물어볼 때마다 저는 그저 **'따로 또 같이'**처럼 생각하라고 말합니다. 한때 유행어처럼 많이 쓰였던 말이잖아요. '따로'와 '같이'라는 정반대의 단어를 한 문장에 넣어놓은 '의미 파괴'인데 그래서 더 맛이 찰집니다.

이 '따로 또 같이'의 격차를 잘 가져다가 쓴 브랜드는 론칭 당시의 카카오뱅크였어요.

같지만 다른 은행

같다는 건 그만큼 보통의 은행들처럼 신뢰할 만하다는 의미의 수식어일 거예요. 그런데 거기에 '다른'이라는 양념이 붙었죠. 요즘에야 핀테크 기업이 너무 많고 친숙합니다만 카뱅이 처음 등장할 땐 아니었으니까요. 무언가 더 세련된, 신기술의, 디지털의 느낌을 부여하는 의미가 '다른'에 녹아 있습니다. 세상에 처음으로 선보이는 슬로건으로는 아주 탁월했다고 생각해요. 보통 은행 슬로건과는 다르고 또 다른 표현이었죠.

행운이 반복되면 실력이다

이 문구는 기아자동차 K7 광고에 나온 카피였는데요. 행운과 실력은 그야말로 정반대의 단어겠죠. 그런데 거기에 '반복'이라는 본드를 발라봤더니 두 단어는 왜 이제서야 만났지? 싶을 정도로 강하게 결속됐죠.

카피를 쓸 때 A에 대해 쓰고 싶다면 Z를 떠올려 보세요. 그리고 그 단어를 하나로 만들어줄 좋은 접착제를 찾아보세요.

뜬금없지만 퀴즈 하나. 카피라이팅 훈련을 하기 가장 좋은 광고 품목은 뭘까요? 다양한 답이 있을 수 있겠지만 제 예전을 돌아보자면 넘버원은 아파트 분양 광고였어요. 여기서 좋은 카피의 기준은 '돈 냄새가 즉각적이면서도 묵직하게 나느냐'이거든요. 그 격차 있는 과제를 해결하기 위해 선배와 밤마다 이런 격차 있는 카피들을 써 내려갔던 기억이 납니다.

최고는 최후에 온다.
최고의 입지, 최후의 기회!

트레이닝하기 두 번째로 좋은 품목은, 영화 같은 콘텐츠들. 신입 시절에 영화 홍보 기회를 접했던 건 그래서 행운이었던 것 같습니다. 영화 <1987>의 포스터 카피를 의뢰받았던 때가 있었는데요. 최종 채택이 되지는 않았지만 그때 쓴 카피도 격차가 있어 잠깐 소개하고 싶네요.

시절이 차가울수록
우리는 뜨거워졌다

소설이나 영화 같은 콘텐츠들을 곰곰이 살펴보면 내용 자체에 이런 격차가 참 많이 활용된다는 생각이 들어요. 그건 사람들이 그만큼 격차에 잘 반응하기 때문일 거란 생각이 듭니다. 우리 모두가 좋아하는 봉준호 감독의 〈기생충〉을 잠깐 예를 들어보자면, 영화 속 부유층이 사는 동네는 높고도 높은 동네고 하층민이 사는 동네는 낮고도 낮은 반지하잖아요. 그 격차가 우리를 자극하고 극에 몰입하게 만든다는 건 굳이 유명 영화 평론가의 분석이 아니더라도 누구나 쉽게 알아차리는 내용일 거예요.

인간은 격차를 보면 어떤 쾌감을 느낍니다. 그게 우리의 정신세계 속에 아로새겨진 본능인 것 같아요. 스포츠 세계에서 언더독이 챔피언을 이기는 순간, 로맨스 세계에서 금지된 사랑을 쟁취하는 연인들, 작은 브랜드가 큰 브랜드를 추월하려고 할 때도 마찬가지고요. 그러니 카피를 쓸 때 **격차를 이용하는 건 인간의 본능을 이용**하는 아주 영리한 방식 중 하나일 거예요.

소재부터 격차가 느껴지게 할 것

배민 얘기를 한 번 더 해볼까 하는데요. 작은 스타트업에서 한국인의 끼니를 책임지는 커다란 기업으로 성장했음에도, 사람들은 종종 배달을 낮춰 보기도 했죠. 배달을 바라보는 과거의 시선과 현재의 위치 사이에 있던 괴리들. 그러다 보니 배민은 억울한 게 많았어요. 갓 지어 나온 밥을 고객에게 그대로 빠르게 전달하려면 필요한 기술이 한두 가지가 아니었거든요. 개발자가 몇백 명에 달하는 커다란 회사가 된 만큼 사회 전반에 배민의 기술력을 홍보할 필요도 생긴 거죠. 그래서 이런 이야기를 기술 컨퍼런스를 통해 하고 싶었어요.

컨퍼런스를 알리고 또 동시에 정의할 수 있는 멋진 슬로건이 하나 필요했고요. 고민 끝에 제안했던 카피는 바로 '배달 사이언스'였습니다. 조금 어이없죠? 동네 철가방이 과학을 운운하다니. 그게 바로 격차라고 생각해요. 하지만 브랜드가 발신하는 메시지의 파급력을 생각했을 때, 어이없음을 넘어 반감을 살 수도 있죠. 많은 사람들의 머릿속에 배달은 여전히 과학이 아니라 오토바이이니까요. 그러니 과하게 느껴질 수 있는 부분에 대해 약간의 중화 작업이 필요합니다.

BAEDAL SCIENCE

한 번의 배달을 위해 필요한 모든 기술들

한글로 썼으면 조금 더 정직한 느낌이라서 살짝 부담이 될 수 있었을 것 같아요. 근데 영어로 쓰니까 살짝 멀어지면서 그럴 수도 있지, 넘어가게 되고. 위트 있게도 느껴지지 않나요? 이것만으로는 사실 조금 어려울 수 있기에 부제가 필요했습니다. 왜 우리가 배달 사이언스라고 말하는지 의미가 담겨야 했죠. 제가 제안한 건 '한 번의 배달을 위해 필요한 모든 기술들'이라는 카피였는데요. 여기에도 격차가 스며들어 있다는 사실은, 여기까지 따라오신 분들이라면 굳이 말씀드리지 않아도 잘 아실 것 같아요.

너무 무거운 얘기만 한 것 같으니 좀 가벼운, 아니 더러운 얘기를 살짝 해볼까요. 고상한 카피만 쓸 수는 없으니까요. 머리 식히는 느낌으로 살짝 쉬어가 보는 표현을 준비해봤습니다.

여러분이 어떤 이유에서인가(?) 잔뇨에 대한 카피를 써야 한다고 해봅시다. 잔뇨가 뭔지 모르시는 분들이 더 많을 것 같은데요. 바로 소변을 봤는데도 노화 이슈로 인해 몸속에 아주 조금 남아 있는 거죠. 모름지기 마케터라면 이 병증에 좋다는 건강 기능 식품을 팔아야 할지도 모를 테니까. 100세 시대에 여러분이 꼭 기억하셔야 될 이야기인데요(?).

대니 초라는 스탠드업 코미디언은 이 잔뇨를 아마도 가장 상관없을 단어를 가져와서 설명했습니다.

오줌에도 쿠키 영상이 있다

시원하게 웃으셨나요. 웃었다면 모든 게 끝입니다만 우리는 자리에 앉아 조금 더 분석을 해봐야겠죠? 쿠키 영상의 핵심은 '끝났지만 끝나지 않았다'입니다. 그걸 오줌과 연결해 끝났지만 끝나지 않은 '잔뇨'를 완벽하게 재해석했습니다. 아마 소변을 얘기하면서 쿠키 영상을 들먹인 사람은 이 코미디언이 최초이지 않을까 싶은데요. 달나라에 인류 최초로 발바닥을 찍는 암스트롱의 마음으로, 한 번도 써 보지 않은 표현을 늘 고민해 보면 좋겠습니다(소변 얘기하다 암스트롱을 들먹이고 있으니 이 격차가 새삼 마음에 드네요).

웃음이 모든 걸 이긴다지만 이런 얘기로 이 챕터를 마무리하는 건, 고상하지 않은 저도 용납하기 힘든 구성이라서 다른 얘기로 끝맺음을 해볼게요.

아마 여기까지 읽은 분들은 모두 알고 계시겠지만 제가 이 책에서 얘기하고 있는 깃발들은 카피 쓰는 법에만 국한된 건 아니에요. 그중에서도 **격차**는 특히 **모든 종류의 글쓰기**는 물론 **말하기**에서도 아주 유용합니다.

살다 보면 남에게 인상 깊은 말을 전달하고 싶을 때가 있잖아요. 면접 때 받는 '지원자님 마지막 한마디 해보세요' 같은 요구처럼 말이죠. 그럴 땐 격차를 써먹어 보세요. 예를 들면 이동진 영화 평론가가 한 인터뷰에서 이런 말을 했는데 한동안 화제였죠.

**하루하루는 성실하게
인생 전체는 되는 대로**

하루와 인생 간의 격차, 성실과 되는 대로의 격차가 완벽하게 대구를 이뤄 귀에 쏙쏙 들어오고 눈에도 쏙쏙 들어오죠.

평론가님이 정말 인생을 되는 대로 흘러가게 내버려둘 분은 아니겠지만 아무튼 중요한 건 하루하루의 성실함일 거예요. 여러분이 매일매일 겪은 카피 고민이 작더라도 쌓이고 쌓이면 인생 전체에 큰 힘이 될 거라는 응원을 건네보고 싶어요. 이제

이 책의 끝이 머지않았습니다. 우리 조금만 더 힘내 보죠!

실 전 에 서 실 천 하 기

1. 'A하면 Z하라'를 떠올리세요. 쓰고 싶은 대상이 있다면 그것의 정반대를 찾아보는 거예요. 생각지도 못하게 강한 연결 고리가 보일 수 있어요.

2. 글의 표현뿐만 아니라 소재 선정부터 격차 있게 하는 방법을 고민해 보세요.

3. 격차는 인간의 본능 같아요. 단지 카피라이팅에만 국한하지 말고 다양한 장르, 말하기 등에 적용해 보세요.

최대한
특이하게 써주세요.
대신 최대한
누구나 이해할 수 있게,
쉽게 써주세요.

9강.

기대를 꺾어야 비로소 펼쳐지는 [반전]

AI를 꺾는 카피를 고민해야 합니다

하반기 브랜드 광고가 잘 진행됨에 따라 인지도가 어느 정도 확보된 만큼, 실제로 돈을 벌어다 줄 전략 상품에 대한 광고가 다시 필요했다. 그 와중에 라이언은 요즘 제일 잘나간다는 중화 요리 식당인 '칠선반점'과 협약을 체결했다. 각종 중국 음식 밀키트를 편하게사자 채널을 통해 판매하겠다는 양사의 전략을 업계는 물론 일반 소비자들도 다 예측할 수 있는, 아주 노골적인 만남이었다.

마케팅팀은 다시 바빠졌다. 그 와중에 개발팀도 같이 바빠졌다. 개발팀 입장에서도 전에는 없던 페이지를 새로 만들어야 하는 것이기에 자주 만나 미팅을 하는 일이 생겼다. 그리고 마케터와 개발자들이 서로 대화하는 일도 늘어나게 됐다. 무슨 일이든 AI에게 일을 맡긴다는 I님과의 수다도 그렇게 시작됐다.

T   하다하다 이제 탕수육 카피를 써야 하네요.

I 탕수육 코드보다는 낫지 않겠어요? 같이 고민하면 되죠 뭘.

너무 스트레스 받지 마요. 일단 생각해본 건 없어요?

제가 AI한테 카피도 한번 물어봐 줄게요.

프롬프트도 입력해 놓을게요. "넌 지금부터 한국 최고의

카피라이터야"라고요.

T 저도 유료 가입해서 잘 써먹는데요.

코드는 잘 짜겠지만 카피는 못 짜요.

아까 저도 카피라이팅 시켜봤거든요? 탕탕탕수육밖에 안 뱉어요.

I 그것도 귀여운데요, 충분히.

T I님이 AI에 관대하셔서 그래요. 구글로 검색할 필요도 없어요,

세상에 그런 카피는 이미 너무 많아요. 제가 문송하긴 합니다만,

AI는 웹에서 학습한 내용을 뱉어낼 뿐이라고요.

하, 뻔하게 안 쓰려면 무슨 방법이 있을까요.

I 그러면 T님의 질문이 잘못된 거 아닐까요?

(모니터를 바라보며 타닥타닥 자판을 친다)

T 네? 뭐라고요?

I 갑자기 카피 쓰라고 하면 뻔하게 쓸 것 같아서.

제가 먼저 AI한테 뻔한 카피의 반대 개념을 물어봤거든요?

'예측 불가능한' 카피래요. 반전 영화처럼 써 보라는데요.

T 에이 카피에 반전을 어떻게 담아요.

우리가 무슨 2시간짜리 〈식스 센스〉도 아니고.

I 2줄만 있어도 반전 쌉가능일 수도 있게 써 보라고 오더를 좀 줘볼게요.

T (속으로 기대하면서) 에이, 기대하지 마요.

I 아 GPT 진짜 카피는 못 써먹겠네요… 한번 보세요.

"탕! 입안에서 터지는 육즙의 향연, 너 혹시 수육?"

"아니요, 전 탕수육입니다!"

T 와하하하 그러게요, 진짜 못 쓰겠네

(그래도 두 문장 안에 반전이 있긴 하네 생각은 하면서

서둘러 워드를 켜서 AI의 카피를 메모해본다).

클래스 9
우리의 반전에 스케일은 중요하지 않다

'반전'이라는 단어를 들으면 어떤 게 떠오르시나요? 아마도 〈유주얼 서스펙트〉의 "그놈이 절름발이였어"라던가 〈식스센스〉의 "죽은 사람이 보여요" 같은 것들이 생각나지 않으시나요. 아무도 예상하지 못하게 뒤통수를 돌덩이로 때리는 거장 영화 감독들의 위대한 반전 말이죠.

그래서 우리들의 카피라이팅에 반전 요소를 넣자고 하면 부담스러워하는 분들이 많으신데요. 같은 반전이라고 해도 월드 클래스 반전일 필요가 꼭 있겠습니까. 우리는 그냥 동네 조기 축구회급 반전이어도 충분합니다. 돌덩이 같은 반전은 됐고 모래알이라도 하나만 살포시 하지만 분명히 **예상은 못하게** 던지면 되겠습니다. 사람은 짧은 머리카락 하나만 목에 들어가도 되게 거슬려 하니까요. 그니까 반전이 어렵다면 **나노 반전**(?) 정도에도 만족하는 걸로 합시다.

탕수육에 관한 이야기를 시작했으니 제가 몸소 반전 하나 만들어 보겠습니다, 라기엔 개그맨 문세윤이 해서 화제가 됐던 말이 좋을 것 같아 그걸 써먹어 보려고요.

"탕수육은 찍먹도 부먹도 틀렸다.
더먹이 정답이다."

　모두가 찍먹이냐 부먹이냐로 서로 편 가르는 시점에 갑자기 뚱딴지같이 '더먹'을 얘기하는 것. 적어도 카피라이팅에서의 반전은 이 정도면 충분한 것 같아요. 아무튼 핵심은 하나. '이렇게 시작했으면 이때쯤엔 이런 게 나오겠지' 하는 걸 정반대로 가는 겁니다.

편견만 깨도 반전이 나온다

앞서 말했던 탕수육에서 살짝 힌트가 나왔던 것 같습니다만, 카피라이팅에서의 반전은 모두가 생각하는 것을 아주 **살짝 비틀기**만 해도 됩니다. 그런 의미에서 단어 하나만으로도 반전을 만들 수도 있어요. 예를 들어볼게요.

최정상 **직장**

자, 이 단어를 보면 어떤 생각이 드세요? SK하이닉스, 네이버 같은 국내 탑 기업부터 애플, 아마존 같은 세계 최고의 직장들이 떠오르시죠? 지극히 자연스러운 반응입니다.

근데 이 단어를 해발 1,900미터에 있는 산악 대피소에서 써먹는다면 어떠신가요. 이 카피는 EBS에서 만든 콘텐츠의 제목이었어요. 지리산 '최정상'에서 일하는 사람들의 이야기를 담아낸 프로그램이었거든요.

모두가 편견으로 떠올릴 수밖에 없는 '최정상 직장'이라는 단어를 만들고, 스토리와 비주얼로는 완전히 정반대로 가버린 거죠. 그러니 저 카피를 보는 사람들은 피식거릴 수밖에 없고

183

요. (펭수 이후로 유잼의 상징이 되긴 했지만) 교육 방송마저 이런 표현을 쓰는 시대니까, 카피를 고민하는 사람들은 전보다 더 열심히 고민해야만 합니다.

불 편해야 좋은 가스레인지

예시를 들어보고자 한번 써봤어요. 이런 카피가 걸려 있다면 어떨까요. 불편해야 좋다니 무슨 말이지? 하고 들여다보면 사실은 '불 켜기 편해야 좋은 상품'이라는 이야기인 걸 알 수 있죠. 이런 문장도 일종의 나노 반전일 겁니다.

다른 장르에서 훔쳐 올 것

  카피라이팅에서의 반전은 결국 축구에서의 헛다리 짚기
와 같습니다. 왼쪽으로 갈 것 같다가 오른쪽으로 가기. 핵심은
예측과 반대로 가는 거잖아요? 그러니만큼 **다른 장르의 화법을 가
져오는 것**은 매우 효과적인 방식입니다.

  라이브 커머스에서 카피를 쓰던 시절이었어요. 제가 몸담
고 있는 서비스는 음식에 포커스되어 있었기에, 하루가 다르게
쏟아지는 먹거리들을 텍스트로 풀어내야 했죠. 매일매일 다른
상품의 방송용 카피를 써야 했기에 정신없었지만, 돌이켜보면
그 시간들이 제게는 글쓰기 근육을 펌핑할 수 있었던 기회였던
것 같습니다.

  지금도 생각나는 카피 중 하나는 바로 '게장'입니다. 맛있
게 먹을 줄만 알았지 갑자기 양념 게장과 간장 게장을 한번에
파는 방송의 카피를 써야 하는 상황이 올 줄은 몰랐죠. 양념 반
후라이드 반의 '반반 치킨' 같은 느낌처럼 한번은 '반반 게장'이
라는 카피도 썼던 것 같아요. 그렇게 한 회차를 막고 끝났을 줄
알았는데. 그 상품이 잘 팔려서 한 번 더 앵콜 방송을 하게 됐다
는 거예요.

  새로운 카피가 필요했습니다. 그러다가 문득 게장의 컬러

가 떠올랐어요. 빨간색의 양념 게장과 까만색의 간장 게장. 그리고 그 옛날 소싯적의 '빨간 휴지 줄까 파란 휴지 줄까'가 생각났습니다. 때마침 이 방송이 진행되던 게 초여름이었거든요. 납량 특집처럼 카피 문구를 뽑아보는 것도 새로운 시도일 것 같았죠.

빨간 게장 줄까?

까만 게장 줄까?

제가 이런 카피를 썼다고 자랑을 했더니 해당 상품을 소싱하는 MD님이 다음 방송은 순살 게장이라고 하셨어요. 원래부터 카피에 대한 감도가 있으신 분이었어서 한 번 써 보시라고 말씀드렸거든요. 순살의 팩트에 초점을 맞춰보라 조언을 드렸을 뿐인데 희대의 명문을 쓰셨습니다.

껍데기는 가라! 100% 순살 게장

내용은 잘 몰라도 교과서에서 본 기억은 분명히 나는 신동엽 시인의 멋진 시$_{poem}$를 게장에다가 써먹다니. 박력이 터지니까 웃음도 터지죠. 순살 치킨이었다면 껍데기라는 말이 어울리지 않지만 순살 게장이니까 아주 정확한 표현이 됩니다.

이렇게 다른 장르에서 마침 훔쳐 올 게 있다면, 적극적으로 훔쳐보세요. 완전히 새로운 맛이 나니까요. 그렇게, **좋은 카피는 느닷없어야 한다**고 생각합니다. '네가 왜 거기서 나와?'처럼 말이죠.

정말 사람들이 기대하지 않은 영역이라면 이런 변주가 갖는 힘은 더 클 겁니다. 다들 가끔씩은 앱 업데이트하시죠? 업데이트할 때마다 브랜드들은 관련된 메시지를 쓰게 되어 있는데요. 사람 사는 게 다 그렇듯 때로는 사소한 업데이트를 진행하게 될 때가 있어요. 사실 기술적으로는 꼭 필요한 핫픽스인데 고객들에게 자세히 설명하자니 TMI 같은. 그럴 때는 어차피 해도 아무도 못 알아들을 재미없는 얘기 대신 뜬금없는 인사를 건네는 편이 오히려 눈에 띌 것 같습니다.

새해 맞이 인사가 필요한 시점이었는데요. 불현듯 인터넷에서 많이들 써먹는 퍼즐 짤이 생각났어요. '너가 제일 먼저 본 단어가 올 한 해의 단어다' 류의 짤 말이에요. 배민을 쓰는 유저들이라면 앱스토어에 들어올 때는 결국 배가 고픈 상황일 테니 먹는 이야기를 하는 게 적확해 보였습니다.

새해가 밝았습니다.
한 해의 시작을 맞아 어떤 음식을 먹을까 고민이라면?
아래 글자 중에 가장 먼저 눈에 들어온 음식을
올해 첫 배달로 먹어보는 건 어떨까요!

돈까스떡볶이족발마라탕짜장면파스타피자치킨버거라면김
치찌개삼겹살초밥우동카레김밥타코야키라멘스테이크불고
기아이스크림와플크로플마카롱빙수떡갈비칼국수순대국쌀
국수팟타이떡국깐풍기볶음밥탕수육마라샹궈알리오올리오
돈부리규동규카츠돈카츠텐동샐러드연어덮밥갈비탕갈비찜
닭갈비두부찌개베이글샌드위치티라미수크림브륄레푸딩샤
브샤브칼국수감자탕곱창

이제, 그 음식과 함께 맛있는 한 해를 시작해 보세요!

원래 진지한 설명서로 채우던 영역이 있다면 그 공간에 작은 위트 하나를 넣어보면 어떨까요. 반대도 좋겠습니다. 유튜브 코미디 채널 <피식대학>이 수능 당일 뜬금없이 모든 고등학교의 이름을 하나씩 몇 시간에 걸쳐 읽어주며 응원의 메시지를 보낸 것처럼요. 원래 웃어야 하는 곳에서 아주 진지한 소리를 해대는 것도 임팩트를 만들 수 있을 거예요.

실전에서 실천하기

1. 카피라이팅에 큰 반전은 필요 없습니다. 깨알 같은 나노 반전만으로도 충분합니다. 그저 보는 사람의 기대를 무참히 꺾기만 하면 됩니다.
2. 카피를 써야 하는 상품이나 브랜드에 관련된 편견을 일단 써보세요. 그러지 말자고 Don't 하나만 붙여도 의외로 카피는 쉽게 풀릴 수 있어요
3. 마음껏 훔쳐서 카피를 써 보세요. 규칙은 단 하나, 기존의 광고에서 다루지 않았던 것으로만 훔치세요.

마케터님도 카피 써주시고요.
저희 쪽에서는
한번 AI한테 시켜 볼까봐요.
글 쓰는 건 GPT보다
Claude가 잘 쓴다던데,
비교해 보시죠.

10강.

나도 몰랐던 내 마음 [베네핏]

'내'가 아니라 '우리'가 쓰는 카피를 고민합니다

T는 변했다는 말을 많이 듣기 시작했다. 전보다 카피가 말랑거린다면서, 연애하는 거 아니냐는 이상한 농담을 건네는 사람도 많았다.

F도 변했다는 말을 듣는 건 매한가지였다. 전보다 카피에 전략이 생겼다면서 어디서 과외하는 거 아니냐는 사람도 있을 정도.

정작 본인들은 사람들이 그리 말하는지 잘 모르고 있는 T와 F가 하나의 카피를 두고 회의실에서 한참을 고민하고 있었다.

그럴 만도 했다. 먹어본 적도 없는 배도라지즙이라니, 이런 상품은 생각해본 적이 단 한 번도 없었다.

F 내 생각에 이건 카피의 신… '카신'이 와도 그냥 이렇게 쓸 거 같아요.
T님이 처음 잡아준 게 너무 맞는 말이라서.

T 배도라지즙 40% 할인, 요거요? 근데 이걸로 충분할까?
너무 딱딱하잖아요. 킥이 필요해요.

F   T님 멘트가 꼭 제가 하는 말 같은데요? 하지만 방법이 없잖아요.

T   배도라지즙을 누가 먹는지는 생각해봐야 하지 않을까요?

       도대체 왜 먹는 건지.

F   찾아보니 목이 아플 때 먹는 사람들이 많은 것 같다고 하네요.

       그리고 대부분 육아 블로거들이 바이럴을 했네요?

       아마 애 키우는 사람들은 다 아나 봐요.

T   감기에 좋다고 말해 볼까요?

F   그건 안 되죠? 건강기능식품이잖아요. 그런 효능을 함부로 말하면

       안 되는 거, 심의 전문가분이 놓치시면 안 되죠.

T   F님 멘트가 진짜 제가 하는 말 같아졌네요….

       감기라는 말은 못 하는데 비슷한 말 없을까….

F   환절기?

T   오, 근데 지금은 환절기는 아니지 않나요.

F   에이 솔직히 한국은 늘 환절기잖아요.

       5월이지만 지난주는 10도대더니 이번주는 20도를 넘어가고

       있잖아요. 이게 환절기 아님 뭐예요?

T   환절기엔 역시, 배도라지즙 40% 할인. 이거 어때요?

F   그것도 나쁘진 않아요. 그런데 조금만 더 친절하면 좋겠어요.

       목이 진짜 칼칼한 사람들이 보면 더 혹하게.

T   환절기엔 더 잘 챙겨 드세요, 배도라지즙 40% 할인.

F   (헛기침을 한번 했다가) T님 이거 론칭하면 우리 사서 나눠 먹을래요?

T   콜!

그리고 두 사람은 이 카피를 팀 슬랙 채널에 올렸다. 리더인 S가 바로 질문을 해왔다.

"근데… 이거 누가 쓴 카피예요?"

두 사람은 말없이 웃는 이모지를 날렸다.

클래스 10
엘리베이터 안내문의 추월

그런 글 아세요? 본인은 글이라고 우기긴 하는데 아무도 읽지 않고 넘어갈 수밖에 없는, 존재감이 한없이 투명에 가까운 글. 그런 글을 본 적이 없다면 지금 바로 엘리베이터를 타 보세요. 거기에 붙어 있는 안내문을 읽어보세요. 한 문장도 채 다 못 읽고 넘어가기 마련이죠.

왜 그럴까 생각해 봤어요. 일부러 못 알아듣게 하는 목적으로 쓴 건 아닐 텐데. 그렇다면 무슨 목적으로 썼을까? 답은 하나예요. 본인이 하고 싶은 말은 분명히 다 전달했으니 문제 없다는 뻔뻔한 마음, 배려심 부족이죠.

한정된 지면에서 해야 할 말은 많고 그럴 때일수록 압축적인 한자어를 쓰게 되는 그 마음. 또 한 명의 문장 노동자로서 감히 말하자면 이해는 됩니다. 근데 이해가 된다고 해서 넘어가도 된다는 건 또 아니죠. 절대 안 될 일이니까요.

읽는 사람을 배려하지 않는 글의 대표주자가 엘리베이터 안내문이라면 그 가장 반대편에 있어야 할 글은 바로 광고의 카피라이팅이어야 할 겁니다.

내가 하고 싶은 말이 아무리 많고 중요하더라도, **듣는 사람**

을 한 번 생각해 보세요. 듣는 사람은 어딘가로 움직이는 와중에 광고를 보게 될 텐데요. 우다다다 자기 하고 싶은 말만 늘어놓는다면 그 사람의 주의를 집중시킬 수 있을까요? 불가능하죠.

카피라이팅에서는 그래서 **'소비자 베네핏'**이라는 용어를 자주 씁니다. 영어와 한글의 짬뽕 같은 괴랄한 표현이지만 단박에 이해가 되실 거예요(차마 콘슈머 베네핏이라고는 쓰지 못한 그 마음…).

그런데 엘리베이터 안내문은 요즘 좀 나아지는 것 같기도 합니다. 가끔 웹 서핑을 하다보면 '신박한 안내문' 짤이 많이 있더라고요. 저희 동네 잔디밭에는 최근에 이런 팻말이 붙기도 했어요.

개오줌 금지
너희 Dog 잔디에게 독

살다 살다 안내문을 기록해 보고자 촬영한 건 그때가 처음이었는데요. 이런 마당에 우리가 쓸 카피가 안내문 같으면 되겠어요, 안 되겠어요?

'공유하기'라는 이름의 기도

모바일 시대가 열리면서 다양한 서비스들이 너도나도 다양한 이벤트를 전개하는 요즘, '엘리베이터 안내문' 같은 카피는 여전히 남아 있습니다. 다양한 할인 소식을 알리는 이벤트 페이지의 맨 아래에는 너나 할 것 없이 '공유하기' 버튼이 있거든요. 이 버튼을 볼 때마다 저는 마음이 복잡해집니다. 이렇게 좋은 할인을 친구들에게 알려줬으면 하는, 만든 사람의 의도가 너무 강하게 보여서요.

저도 한 명의 마케터로서 이벤트가 널리 널리 퍼지면 그것보다 행복한 일은 없을 겁니다. 그런데 밑도 끝도 없이 '공유해 주세요'라는 말은 조금 무책임할 수밖에 없죠. 저라도 사실 그 버튼을 눌러본 적은 없거든요. 그런 자리에서 '공유하기'를 보면 저는 담당자의 '기도'라는 생각이 듭니다. 만든 저도 안 누를 것 같지만 당신은 제발 눌러 주세요 제발 제발 제발 제발.

공유라는 건 정말 어려운 일이긴 합니다. 아무리 공을 들여도 할인율이 거의 70%에 육박한다거나 초초초레어템 한정판이라거나 안성재 셰프가 만든 코스 요리 식사권이 아닌 이상 주변인들에게 알려주는 경우는 솔직히 없잖아요.

현실을 말하면 말할수록 우리는 안 될 거야… 우리가 팔아야 하는 상품, 세일, 서비스는 그런 게 아니니까… 그런 부정적인 마음은 일단 스탑. 그래서 전 더 고민해 봤어요. 어떻게 해야 사람들이 공유를 할까? 그러다 이런 결론에 다다랐어요. 공유가 일종의 나눔이라면, 사람들의 마음 속에 있는 어떤 선함을 건드려야 하지 않을까? 그러다가 뜬금없게도 현시점 '야구 그 자체' 오타니가 떠올랐습니다.

오타니는 좋은 선수가 되기 위해 몸 만들고 제구와 스피드를 신경 쓰는 것은 물론 '운'을 얻기 위해서도 노력한다는 게 화제가 됐던 거 아시나요. 쓰레기 줍기, 인사하기, 청소 같은 일을 도맡아 한다는 거죠. 그러면 운이 돌아올 거라는 생각에 말입니다. 그래서 한때 스포츠 커뮤니티에서는 응원팀을 위해 오늘도 쓰레기를 주웠다는 얘기가 우스갯소리지만 또 진지하게 돌기도 했는데요.

거기서 착안해 공유하기 버튼 위에 짧은 카피를 한 토막씩 넣어봤어요. 추첨으로 경품을 주는 거라면 '너의 선행이 행운을 가져다줄 수 있으니 이 할인 소식을 친구에게 알려 주라'는 메시지를 던지는 거죠. 실제로 이벤트 때마다 버튼 클릭률을 확인했는데 작게나마 증가하는 것을 확인할 수 있었어요.

이런 소식은 나눌수록 좋잖아요? **공유하기**

행운은 ♥ 나눌수록 커진대요! **공유하기**

    사실 거대한 변화를 거두는 건 말이 안 돼요. 이번 파트 시작 전에 말했던 것처럼 들기름 요리로 한우 요리를 이기긴 힘드니까요. 하지만 그 셰프가 〈흑백요리사〉 속 "나야, 들기름" 최강록이라면 이길 수도 있지 않을까요. 그런 믿음을 갖고 우리는 또 태평양 같이 넓은 바닷속에 탄산수 한 방울 같은 카피 한 줄을 투척해 보는 거구요.

더 헤아리는 사람이 이길 수밖에

더 많이 사랑하는 사람이 지는 거지만, 지는 거야말로 사랑에서 이기는 거라는 말을 언젠가 본 적이 있었어요.

갑자기 아이유 노래 같은 이야기지만 결국 카피도 사랑이고, 더 많이 사랑하는 사람이 이겨요. 사랑의 정의를 '상대방을 더 많이 헤아리는 것'이라 정의한다면 말이죠.

베네핏의 관점을 가장 쉽게 이해하는 방법은 편지입니다. 카피 책을 열면 맨날 하는 말이 있어요. 소비자에게 편지를 쓰듯 하라고요. 저는 그런 말을 볼 때마다 솔직히 어이가 없었어요. 편지는 아는 사람에게 쓰는데 이름도 모르겠고 누구인지도 모르겠는 '소' 씨 성의 '비자'라는 사람에게 편지를 쓰라고?

하지만 조금씩 카피를 쓰는 경력이 길어지면서 알았어요. 마치 '교과서에 결국 답이 있었다'처럼, **소비자에게 편지 쓰듯이 쓰는 것**이야말로 최고의 카피라는 걸요.

한번은 제가 본죽의 10% 할인 상품권을 홍보하는 글을 써야 했어요. 죽이라는 게 참 애매합니다. 평소에는 먹고 싶다는 생각이 안 들다가 몸이 으슬으슬해지면 그제서야 비로소 생각나죠. 카피를 읽는 사람들이 아프다면야 모를까 아프지 않은 건강 상태라면 '죽 상품권 사세요'가 씨알도 안 먹히죠. 그 뒤에 나올 '치킨 상품권', '아이스크림 상품권'을 이길 방법이 없으니까요.

막막함을 한편에 두고 편지를 쓰려고 마음을 가다듬었어요. 죽의 베네핏이 아니라 죽 상품권의 베네핏을 생각했어요. 그러다 이런 내용이 생각났어요.

'OO님, 분명 언젠가는 아플 거니까 이럴 때 죽 상품권을 할인된 가격으로 써놓으면 요긴하지 않을까요?'

쓰고 보니 분명 아프다는 말은 협박을 넘어 저주니까 이 부분은 말을 가다듬어야겠죠? 앞서 '공든 탑이 무너지랴?' 케이스가 기억나시나요. 거기서도 카피가 향하는 대상을 슬며시 바꿨는데요. 여기서도 그래야 했습니다. '아플 거다'라는 말을 해서는 안 되니까요. 그래서 최종적으로 나간 카피는 다음과 같았죠.

죽 먹을 일은
언젠가 꼭 생길 테니까

카피라이팅을 업으로 삼지 않은 동료들과 자주 카피에 대해 이야기를 하던 시절이 있었어요. 그중 물건을 직접 소싱하고 판매하는 모든 과정을 담당하는 MD님이 계셨는데요. 한번은 이런 과제를 고민하고 계셨어요.

해남 꿀고구마 무료배송!

어떻게 쓰면 좋을지 고민하고 계시길래 같이 대화를 길게 나눴습니다. 그 과정을 여기에 옮겨놔도 좋겠는데요. 시작 카피는 위와 같았죠. 팩트가 3가지나 주렁주렁 달려 있는데 그대로도 사실 충분합니다. 짧은 글자 수로 공략해야 하는 상황이라면 최선일 거예요. 하지만 다행히 10글자라도 더 넣을 수 있는 상황이었기에 조금 더 해체가 필요했습니다.

1. 해남 → 매력적인 지역명

2. 꿀고구마 → 맛있게 느껴지지만 이미 많은 상품이 존재, 맛을 과장하면 거짓말처럼 느껴질 수도 있음

3. 무료배송 → 매력적인 팩트

그래서 1과 3을 조금 더 잘 살리면 좋겠다 말씀드렸을 뿐인데 신이 나서 이런 카피를 뱉으시더군요.

땅끝마을 해남에서
꿀고구마 무료배송 갑니다

저는 상품의 베네핏을 극한으로 뽑아낸 카피의 좋은 예를 떠올릴 때 늘 이 문장을 생각하곤 합니다.

해남이라는 이름의 가치를 '땅끝마을'로 극대화시키는 거죠. 해남산 고구마가 더 맛있을지는 몰라도 멀리서, 그러니까 정말 깨끗한 곳에서 왔겠구나 싶은 생각이 들게 되죠.

화룡점정은 '갑니다'인 것 같아요. 그냥 배송한다고 했을 때는 그림이 그려지지 않습니다. 하지만 '땅끝마을'과 '갑니다'가 만났을 때는 좀 다른 것 같아요. 그냥 무료배송한다고 할 때는 그러려니 하죠. 하지만 '땅끝마을'과 '무료배송 갑니다'가 붙으니 배송비를 되게 많이 아껴주는 느낌이 들지 않으세요? 거기다가 '어서 오세요 땅끝마을 해남입니다' 표지판 아래 고구마를 실은 트럭이 덜컹덜컹 달려'가는' 영상 한 편이 뚝딱 그려지는 것 같지 않으신가요.

채 20자도 되지 않는 글이지만 베네핏에 충실하게 쓴 글은 스토리가 풍부해집니다. 특별한 기법 없이도 영상 광고 한 편이 뚝딱 구성될 것 같은 힘을 갖고 있죠. 실제로 좋은 카피의 기준 중 하나는 '텍스트임에도 비주얼이 그려지는가?'인 만큼 **내가 쓴 글이 어떤 그림을 연출할 수 있는지**를 체크해 보는 것도 좋은 카피 팁 중 하나입니다.

what&how를 한 몸처럼 여기기

아마 이번 챕터는 보면서 특히 그런 생각이 들진 않으셨나 궁금해요. '이게 하우투세이인가? 왓투세이 아니야?' 그렇다면 아주 정확하신 겁니다. 마치 음식을 살짝 태운 요리사가 "사실 탄 것까지 의도입니다"라고 말하는 것처럼 뻔뻔하게 보일 것 같긴 한데요, 아무튼 의도입니다(뻔뻔).

조금 더 설명해 보겠습니다. what과 how는 사실 카피라는 하나의 덩어리를 억지로 분리한 거죠. 만드는 사람이야 영화를 음악/대본/미술로 구분해서 만들지만, 보는 사람은 아닙니다. 순간순간 이 대목은 대사가 끝내주네, 화면이 압도적이네, 할 수는 있지만 러닝 타임 내내 그럴 수 있는 사람은 솔직히 없죠.

이제 여기까지 왔으면 물H_2O을 산소와 수소로 나누어 음미하는 사람이 없듯 what과 how를 하나로 통합적으로 생각할 시간입니다. 충분히 what을 고민하고 다시 충분히 how를 고민하는 작업이 중요합니다.

글을 시작하며 분명히 엉덩이로 쓰지 말라고 했는데 엉덩이로 쓰라고 하는 것 같은 말을 드리고 있어 배신감을 느끼셨다면 잠시만 기다려 주세요. 결국 오래 헤아린 사람의 카피보다 더 정성이 들어갈 순 없는 거죠. **정성 어린 글**이야말로 **정성적**

결과를 끌어올릴 수 있을 거구요.

다만 예전의 저는 카피를 쓰라고 하면 멍하니 모니터를 바라보는 시간이 많았던 것 같아요. 그런데 광고 회사에서 지금의 회사로 옮기며 조금 더 즐겁게 아이데이션하는 법을 많이 배우고 있어요. 카피 쓸 일이 있으면 시트를 켜고 동료들과 동시에 '참전'하는 것도 즐거움 중 하나입니다. 실시간으로 다른 사람의 글을 보면서 내 글을 다듬는 상황은 마치 스스로가 ChatGPT가 된 것 같은 느낌이 들게 해줘요. 그래도 끝내 안 풀리는 날엔 다음 날 회의를 다시 잡으며 하는 말이 있어요. "따로 생각하지 말고 샤워할 때 잠깐 생각해 보세요"라고요. 하도 그러니까 요즘은 "샤워 몇 번 해야 되는 거예요?", "수도세 좀 내주세요" 같은 드립 대전으로 번지는 폐워딩으로 변질되어 가기도 합니다만.

틈틈이 정성을 들여 카피 쓸 대상을 고민하는 것. 그 과정에서 이 책에서 익힌 10가지의 방향성을 적용해 보는 것. 그것만이 카피를 더 현명하게 쓸 수 있는 방법이지 않을까, 생각해 봅니다.

실전에서 실천하기

1. 더 많이 헤아리세요. '베네핏'만큼 소비자의 마음을 움직이는 것은 없으니까요.

2. 특히 소비자의 참여를 유도해야 하는 이벤트 속 카피를 기획할 때는, 소비자가 참여해서 얻는 베네핏을 섬세히 고려해야 합니다. 제작자에게만 도움이 되고 고객에게는 미약한 효용만을 주는 카피라면, 당장 고쳐보세요.

3. 이제 what과 how를 모두 다 익혔으니 그 둘을 자유자재로 깃발 삼아 놀아보세요.

카피 쓴 사람이 가장 듣기 싫은 말

이 카피
누가 쓴 거예요?

카피 쓴 사람이 가장 듣고 싶은 말

이 카피
누가 쓴 거예요?

나오며

스스로의 카피를 점검하는 법

축하합니다! 당신은 이제 카피라이팅의 10가지 깃발을 갖게 됐으니까요. 서로를 닮아간 T와 F처럼 당신도 이제는 카피 MBTI 테스트를 한다면 T, F가 동시에 뜨지 않을까 싶은데요.

하지만 이 깃발로 순식간에 카피를 쓴다 한들 당장은 엉덩이를 딱 붙이고 다 쓴 카피를 노려볼 수밖에 없을 겁니다. 자기만의 검열 시간을 넘기기가 쉽지 않으니까요. 이 단계에서 많은 카피들이 탈락하곤 합니다. 마치 옷장 속에 옷이 그득한데도 입을 게 없어 고민되는 순간처럼 말이죠. 한참 동안의 선별 작업을 거쳐 '이 카피 정말 좋다!' 하는 친구들을 추려 회의실에 선보이게 될 텐데요.

카피라이팅에 몇 년 동안 매진한 다음에야 깨달았어요. 쓰는 것만큼이나 어려운 게 '무엇이 더 좋은 카피인가?'를 고르는 일이었다는 것을요. 수많은 좋은 카피 후보군들 중에서 누군가는 판단하고 결정해야만 하거든요. 그리고 일단 그 누군가는 리더 이전에 바로 나여야 옳겠죠.

그렇다면 어떤 기준으로 카피를 결정할 것인가? 상황마다 다르겠지만, 어떤 케이스에도 변함없을 두 가지 기준을 소개하고 싶습니다.

잘 쓴 카피엔 명분이 있다: why to say

질문 하나만 해 볼까요. 의도와 명분은 어떻게 다를까요? 전지전능하신 (다행히도 아직 카피라이팅 능력은 아쉬워서 감사한) Chat GPT에게 물어보면 이렇게 답하네요.

'의도'는 개인적이고 주관적인 측면에 중점을 두지만, '명분'은 사회적이고 공적인 측면에서 타당성을 강조합니다.

해석이 분분할 수 있겠지만 적어도 저는 카피라이팅에서 '의도'는 쓰는 사람, 즉 라이터가 바라는 목적이라고 생각해요. '대박 세일인 걸 알아줬으면 좋겠는데', '희귀한 성분을 넣은 귀한 상품인 걸 알아줬으면 좋겠는데' 같이 이 의도라는 건 판매자의 입장에선 중요하지만, 사실 보는 사람에겐 '알 게 뭐람?'이 되죠.

그에 반해 '명분'은 조금 더 보는 사람, **소비자 입장에서의 장점**을 짚는 거라고 생각합니다. 라이터의 '개인적이고 주관적인 측면'은 잠시 접어두고 대부분의 소비자라면 누구나 끄덕일 만한 이유에서 글을 작성하는 거죠.

의도와 명분이 어떻게 분리되는지를 한번 알아보기 위해

이름부터 홍보까지 제가 전담했던 밀키트를 한번 가져와 보면 좋겠습니다.

〈배민의 발견〉이라고 해서, 배달 앱인 배민에도 숨은 맛집들이 많이 있음을 끄집어서 보여주는 목적성으로 기획된 밀키트 제품이었는데요. 그런데 말이죠, 소비자는 왜 이 음식을 사야 할까요? 밀키트 시장에는 이미 소비자들에게 간택받은 수많은 강자들이 있는데 말이죠.

OO식당은 숨은 맛집이니까?

배민은 재미있는 브랜드니까?

배민은 음식과 연관 있으니까?

위에 써놓은 이유로 구매하는 사람들이 있을까요, 없을까요? 솔직히 저는 없다고 생각합니다.

먼저 저 동네에 사는 분들이 있다면 해당 식당을 아는 사람들도 있겠지만 99%는 이 식당이 숨은 맛집이라는 것에 동의하기 어려운 사람들일 거구요.

두 번째로 사람들은 재미있으면 좋아하지만, 음식이라면 또 좀 다른 문제가 되죠. 재미있는 음식을 한두 번은 재미로 먹어볼 수 있겠지만 재구매가 일어나진 않을 겁니다.

또, 배민은 음식을 다루긴 하지만 한편으로 정말 음식에 특화되어 있다고 하면 갸우뚱할 사람들도 있겠죠. 음식을 다루긴 하지만 배민의 본질은 배달 플랫폼 기업인 게 또 사실이니까요.

앞의 3가지는 결국 제작자의 '의도'일 뿐 소비자에게 진정으로 구입해야 할 '명분'은 주지 못한다고 생각합니다.

그래서 저는 패키지에 아래와 같은 명분을 심어주는 카피를 추가해 봤습니다.

배달 주문이 끊이질 않는
가게들만 쏙쏙 찾아냈으니까!

배민을 쓰다 보면 보통 자기 동네에서만 검색하다 보니 배달 권역이 아닌 곳에 있는 맛집에 대한 궁금증을 한 번쯤 품게 되잖아요? 그래서 "배달 주문이 끊이질 않는 가게"라고 하면 소비자들에게 조금 더 이 밀키트를 사 먹을 명분을 부여할 수 있죠.

이 말을 다른 회사가 하면 믿지 못하겠지만, 배민이 했다고 하면 믿을 수 있죠. 배달 주문에 대한 데이터를 가장 많이 갖고 있는 회사니까요.

재미있는 카피를 쓰는 것도 매우 중요하지만, 다 쓴 카피를 점검할 때 이게 너무 제작자의 의도에 함몰되어 있는 것은 아닌지 검증을 꼭 한 번 해보세요. **보는 이로 하여금 좋은 명분을 주고 있는가?** 이 자기 검열을 통해 이 카피가 지금 우리에게 정말로 필요한, 가장 정확한 카피인지 점검할 수 있어요.

what to say와 how to say라는 말은 많이 봤어도 why to say라는 말은 딱히 써 본 적 없는데요. 이 '명분'이 바로 저는 **'왜 이 카피를 써야 하는가?'**라는 why의 측면이라고 생각합니다. 내가 쓴 카피를 타인에게 설득하는 과정에서도 why는 큰 힘이 될 겁니다. '저희의 의도를 잘 살렸습니다'로 그치지 않는 거죠. '저희의 의도를 소비자 언어화해서 구입할 명분까지 이 카피에 담아냈습니다'라고 한다면, 팀장님이나 다른 유관 부서에서도 고개를 끄덕일 수밖에 없을 거라 확신합니다.

잘 쓴 카피엔 불편함이 없다: not to say

한번은 이런 과제가 떨어졌습니다. 배민에서 방학이 되면 급식이 중단되다 보니 끼니를 거르기 쉬운 결식 아동을 대상으로 도시락을 보내주는 후원 활동 〈배민방학도시락〉의 홍보를 지원해주는 거였죠.

어떻게 해야 할까 고민하고 있는데 저희 팀원분의 아이디어가 참 좋았어요. 마치 유튜브 채널의 구독자를 지칭하는 말이 있으면 결속력이 세지듯이, 후원자들을 불러주는 호칭을 만들면 소속감을 더 강하게 느끼고 모객 중에도 더 후킹되지 않을까? 그래서 '서포터즈'라는 개념을 살려보자는 방향성이 채택됐죠.

너무 좋지만, 서포터즈라는 말은 이미 여기저기서 쓰이는 만큼, 적절한 디벨롭이 필요했습니다. 그러다 '밥 이모', '밥 삼촌'이라는 말이 생각났어요. 이모 삼촌이라는 말은 워낙에 친근하게 많이 쓰이는 단어인데 거기에 밥을 붙인다면 조금 더 귀엽지 않을까. '밥'이라는 단어는 어쩐지 따뜻하니까 조금 더 친근하게 여겨지기도 했고요. 먹거리를 다루는 배민과 잘 어울리고, 또 결식 아동 후원이라는 실제 액션과도 찰떡이라는 생각이 들었죠.

그런데 팀 회의 중에 예상치 못한 얘기가 나왔어요. 이모라고 하면 고모들을 배제하는 표현 아닐까 하는 피드백 말이에요. 실제로 고모인 사람들은 이 호칭을 보고 저희가 기대하지 않은 불편함을 느낄 거라는 의견. 솔직히 쓰는 동안에는 한 번도 생각해보지 않았는데, 그럴 수도 있겠다 싶어졌습니다.

무엇보다 이 표현의 문제는 카피를 쓴 제가 이모/삼촌 나이뻘이라서 그럴 거라는 피드백도 있었죠. 만약에 후원자가 이제 막 열심히 알바한 돈을 뿌듯한 곳에 쓰고 싶은 대학생이라면? 그 친구들은 자기를 이모나 삼촌으로 여기지 않을 거예요. 형이나 오빠, 언니나 누나로 스스로를 생각할 테니까요. 그 결과 밥 이모 밥 삼촌은 자기와 어울리지 않는 호칭이니 이 〈배민방학도시락〉 활동에 참여하지 않아야겠다고 생각할 수도 있겠다는 의견이었습니다.

회의실에서 집단 지성의 고민 끝에 나온 표현은 '밥 친구'였어요. 혼밥할 때 영상들 많이 보잖아요? 밥 먹을 때 틀어놓는 유튜브 영상들을 밥 친구라고 부르잖아요. 거기다 밥 이모와 밥 삼촌은 후원자를 시혜의 대상으로 보는 느낌도 있지만, 밥 친구는 조금 더 수평적인 위치에서 말 그대로 서로와 서로의 친구가 되자는, 정말 〈배민방학도시락〉이 지향하고 싶은 방향성을 갖고 있는 단어기도 했죠.

카피 쓸 때 이런 경우가 정말 많아집니다. 예를 들어 브랜드 필름을 만들 때, 어떤 브랜드를 인격화하고 싶어지는 경우가 많아요. 그냥 줄줄이 카피를 쓰기에는 너무 재미도 없으니까요. 그래서 캐릭터를 내놓는 경우가 많기도 하고요.

오래전에 한 외국계 보험 회사의 경쟁 피티에 들어간 적이 있었습니다. 뻔하게 하고 싶지 않았어요. 고민 끝에 그 보험 회사를 인격화해 보자는 아이디어를 제안했습니다. 그리고 무의식적으로 그 보험 회사의 이름 앞에 미스터Mr.라는 말을 붙였죠.

회의실에서 처음엔 모두들 이 방향성을 좋아했어요. 어딘가 그림이 그려졌죠. 다니엘 헤니 같이 호쾌하고 젠틀한 신사가 나와서 고객의 어려운 일을 척척 해내는 모습. 그런데 한 분이 이런 말을 하셨죠. 미스터라는 말이 불편하다고. 그 회사에 수많은 유능한 여성분들이 계실 텐데 남성으로만 대상화하는 것이 불편하다는 거였죠. 그 말을 들은 순간, 예전에 들은, 글쓰기에서 가장 중요한 원칙이 떠올랐어요.

무엇을 쓸지 결정하는 것보다 중요한 건 **무엇을 쓰지 않을 것인지** 결정하는 것.

(역시 이런 말은 업계에서 없을 겁니다만) not to say에 대한 고민

은 지금 그 어느 때보다 중요한 것 같습니다. 브랜드가 정치적으로든 젠더적으로든 옳지 않은 멘트를 했을 때 돌아오는 리스크가 너무 큰 시대기 때문이죠. 스스로 너무 마음에 드는 카피지만 누군가를 불편하게 만들 수 있는 카피라면 꺼내지 않는게 맞겠습니다.

혼자서는 판단이 안 된다면 여러분의 유능한 동료들에게 공유하고 판단을 유보해 보세요. 내가 쓴 카피는 정말이지 내 자식 같이 느껴질 때가 많죠. 그래서 혹독하기가 쉽지 않습니다. 그만큼 제3자의 객관적인 시각이 필요하다는 사실, 꼭 기억하면 좋겠습니다.

지금까지 저의 카피에 대한 생각들을 열심히 읽어주신 여러분을, 저는 함부로 후배라고 부르지 않겠습니다. 우리는 **카피친구**인 거니까요! 다들 좋은 카피를 써 내려가길 기대하겠습니다.

건투를 빕니다!

한 번 더 맺으며

이 카피
'모두'가
쓴 거예요!

숨겨둔 히든 트랙을 찾아낸 당신, 격하게 환영합니다. 10초짜리 쿠키 영상 보려고 100분의 영상을 보는 마블 영화처럼, 여러분에게 선물을 하나 드리고 싶었어요. 그래서 이 마지막 장에 정말 중요한 이야기를 남겨둬 보려고 해요.

5개의 what to say와 5개의 how to say, 그리고 why to say와 not to say까지, 12가지의 깃발을 여러분의 손에 쥐여 드렸어요. '편하게사자' 속 T와 F처럼 여기까지 잘 따라와 주셔서 감사하다는 말씀부터 드리고 싶은데요.

10년 넘게 카피라이터로 또 브랜드 마케터로 업계에서 일하면서 깨달은 가장 중요한 비밀을 마지막으로 말해 볼까 하는데요.

저도 주니어 때는 "이 카피 누가 쓴 거예요?"보다 중요한 건 없었습니다. 내가 썼는지, 선배가 썼는지, 아니면 후배가 썼는지에 따라 하루의 기분이 좌지우지되기도 했어요. 다음엔 꼭 '내 카피로 선택받아야지'라는 생각으로 활활 불탔어요.

하지만 내가 쓴 카피가 티브이에 나오는 경험이 한 번 두 번 쌓이고, 또 오프라인 공간에도 크게 출력되는 순간을 몇 번 맛보다 보면 오히려 겸손해지더군요. 그러다 비로소 깨달았습니다.

'온전히 나 혼자 쓰는 카피'란 건, 사실 존재한 적 없었다는 사실.

하늘 아래 완전히 새로운 카피는 없다는 말은 차치하고서라도 말이죠. 유관 부서의 크리에이티브 가이드에서, 리더의 피드백에서, 후배가 준 힌트에서, 별생각 없이 시작됐던 동료와의 수다에서…. 편하게사자의 수많은 멤버들이 그랬듯 모두가 같은 곳을 향해 애썼기에 우연히 카피가 내 손에 떨어졌을 뿐이라는 걸 깨달았죠. 그런 생각을 하고 나니 오히려 카피 쓰기가 더 쉬워졌던 건 뜻밖의 덤이랄까요. 이 생각들을 꺼내놓고 보니 언젠가 선배에게 들었던 멋진 말이 떠오릅니다.

아이디어에는 주인이 없다

하지만 이렇게만 말하면 오해가 생길 수도 있겠어요. 카피라이팅 그까이 거 대충 남이 써줄 거야 하는 마인드로 '버스 타면 된다'는 오해 말이죠. 물론 여기까지 책을 읽으신 분이 그러시진 않으리라 생각합니다만, 주인이 없다는 말은 대충 하라는 뜻이 아니라 '새로운 방식으로 주인이 될 수 있다'는 이야기로 헤아려보면 어떨까요.

카피라이팅이 여전히 너무 어렵고 버겁다면 혼자 끙끙대지 마시고 팀원들과 함께 쓰는 방법을 제안해보면 어떨까요?

전에는 카피라이팅을 할 때 PPT나 키노트를 개인이 만들곤 했습니다. '내'가 쓰는 일이 많았죠. 하지만 지금은 달라요. 브랜드 마케터들 여럿이 모여 구글 시트를 하나 파서 거기다 생각나는 대로 카피를 몇십 개씩 '우리'들이 쓰죠. 내 카피가 평가당한다는 생각에서 자유로워져 부담 없이 아이디어를 던져볼 수 있어서 좋아요. 채택됐을 때 '아, 그거 사실 제가 쓴 건데요^^' 할 수도 있고 말이죠.

조금 더 실천적으로 얘기해 볼까요? 이번 과제의 성격을 보고 시트 맨 위에 방향성을 써보는 거예요. 팩트 기반, 선 긋기, 대세감, 말장난, 베네핏… 이 책에서 익힌 방향성 중에 몇 가지를 골라 구글 시트 맨 위에 써놓고 다 같이 참전해 보자고 하면 어떨까요. 그 과정에서 서로가 어떤 카피를 쓰는지 보고 디벨롭합니다. 모두가 합의하는 카피는 최고의 문장이 아닐 수는 있습니다. 하지만 주어진 시간 내(야근 절대 금지!)에 답을 찾는 최선의 과정인 건 확신합니다.

그러니까, 선배의 명언을 조금 더 오해 없이 바꿔보자면, 이렇게 말할 수 있지 않을까 싶어요.

아이디어에는
주인공이 없을 뿐
모두가 주인이다

눈치 채신 분들도 있겠지만 편하게시사자 에피소드에서 카피의 '주인'이었던 T와 F는 어떤 면에서는 장기적 관점과 단기적 관점을 보여주기도 합니다. T는 조금 더 브랜드나 서비스의 오랜 호흡, 넓은 시야를 고민하는 관점에 가깝고요. F는 보다 단기간에 큰 반향과 임팩트를 만들어내자는 뷰로도 해석이 가능합니다. 그냥 성향 차이일 수도 있지만 실무자인지 또는 리더인지에 따라 T와 F의 관점이 섞이기도 하죠.

여러분이 브랜드의 방향성을 고민하는 자리라면 조금 더 T에 힘을 주세요. 팀원들이 좋은 카피를 물어다주길 기다리지 말고 건의 성격에 맞게 방향성을 잡아줘야겠죠.

팀원이라면 리더의 해석을 기다리지 말고 그저 고객의 입장에서, 당장의 임팩트를 고민해 조금 더 F로 빙의하는 방법을 고민해도 좋겠습니다. 고객의 시야에서 헤아리는 건 리더보다 실무자가 더 잘할 수 있으니까요. 두 관점이 섞이지 않으면 좋은 카피는 만들어지지 않아요.

혼자서 의자에 엉덩이를 딱 붙이고 번개 같은 카피가 떨어지길 기다리지 마세요. 엉덩이를 떼고 자리에서 일어나 어떤 방향성이 이번 카피 과제에 베스트인지 번개처럼 빠르게 이 동료 저 동료에게 계속 묻고 다니세요.

그리하여 12개의 깃발을 손에 쥔 여러분이 여기저기서 "이 카피 누가 쓴 거예요?"라는 감탄을 듣길 기대합니다. 그때마다 당신이 진심으로 이렇게 말하는 것도 기대해 보면서요.

"이 카피요? 모두가 함께 썼어요."

이 카피 누가 쓴 거예요?

1판 1쇄 인쇄 2025년 5월 9일
1판 1쇄 발행 2025년 5월 30일

지은이 이태호

발행인 양원석 **편집장** 차선화 **책임편집** 차지혜
디자인 스튜디오 글리
영업마케팅 윤송, 김지현, 최현유, 백승원, 유민경

펴낸 곳 ㈜알에이치코리아
주소 서울시 금천구 가산디지털2로 53, 20층 (가산동, 한라시그마밸리)
편집문의 02-6443-8862   **도서문의** 02-6443-8800
홈페이지 http://rhk.co.kr
등록 2004년 1월 15일 제2-3726호

ISBN 978-89-255-7359-5 (03320)